百品《道德经》

悟道行天下

王小丹◎著

国际文化出版公司
·北京·

图书在版编目（CIP）数据

百品《道德经》：悟道行天下 / 王小丹著 .—北京：国际文化出版公司，2020.3

ISBN 978-7-5125-1158-3

Ⅰ.①百… Ⅱ.①王… Ⅲ.①道家②《道德经》—研究 Ⅳ.① B223.15

中国版本图书馆 CIP 数据核字（2019）第 249323 号

百品《道德经》：悟道行天下

作　　者　王小丹
责任编辑　戴　婕
特约编辑　李淼淼
统筹监制　文　钊
策划编辑　马兴欢
封面设计　零创意文化
版式设计　内秀内文
出版发行　国际文化出版公司
经　　销　北京时代光华图书有限公司
印　　刷　天津市祥丰印务有限公司
开　　本　880 毫米 ×1230 毫米　32 开
　　　　　8.5 印张　150 千字
版　　次　2020 年 3 月第 1 版
　　　　　2020 年 3 月第 1 次印刷
书　　号　ISBN 978-7-5125-1158-3
定　　价　49.80 元

国际文化出版公司
北京朝阳区东土城路乙 9 号 邮编：100013
总编室：（010）64271551 传真：（010）64271578
销售热线：（010）64271187
传真：（010）64271187-800
E-mail：icpc@95777.sina.net
http://www.sinoread.com

王小丹

就职于北京成功使者管理咨询有限公司，任高级培训师、高级教练。

【主要著作】

《一生只做八件事》(合著)、《职场内驱力》

【线上主要课程】

《汉初三杰的工作智慧》《〈道德经〉中的幸福之道》《〈道德经〉中的成就之道》《健康之道》《智慧女性美丽人生》《人生正确的信仰》《教练型父母》

【线下主要课程】

《中高层管理能力提升特训》《教练型领导》《职业生涯教练》《4D 领导力》《领导智慧》《团队教练》《教练型老师》《系统规划》

【职业经历】

- 从 2011 年起，作为全球生涯教练（BCC）认证培训授权讲师，授课百余期，培养生涯教练 5000 余名。
- 带领“八件事”讲师团队在全国高校开展“一生只做八件事——让生命怒放”大学生生涯唤醒讲座 208 场，直接受益人数 10 万余人。
- 作为北京成功使者管理咨询有限公司高级教练，和“成功使者”团队一起支持全国数百家客户实现了跨越式发展和全方位提升。

“成功使者”微信公众号

道德经 |全文|

第一章

道可道，非常道；名可名，非常名。

无名天地之始，有名万物之母。

故常无欲，以观其妙；常有欲，以观其徼。

此两者同出而异名，同谓之玄，玄之又玄，众妙之门。

第二章

天下皆知美之为美，斯恶已；皆知善之为善，斯不善已。

故有无相生，难易相成，长短相较，高下相倾，音声相和，前后相随。

是以圣人处无为之事，行不言之教，万物作焉而不辞，生而不有，为而不恃，功成而弗居。夫唯弗居，是以不去。

第三章

不尚贤，使民不争；不贵难得之货，使民不为盗；不见可欲，使民心不乱。

是以圣人之治，虚其心，实其腹；弱其志，强其骨。

常使民无知无欲，使夫智者不敢为也。

为无为，则无不治。

第四章

道冲而用之或不盈，渊兮似万物之宗。挫其锐，解其纷，和其光，同其尘。湛兮似或存，吾不知谁之子，象帝之先。

第五章

天地不仁，以万物为刍狗；圣人不仁，以百姓为刍狗。

天地之间，其犹橐籥乎？虚而不屈，动而愈出。多言数穷，不如守中。

第六章

谷神不死，是谓玄牝，玄牝之门，是谓天地根。绵绵若存，用之不勤。

第七章

天长地久。天地所以能长且久者，以其不自生，故能长生。是以圣人后其身而身先，外其身而身存。非以其无私邪？故能成其私。

第八章

上善若水。水善利万物而不争，处众人之所恶，故几于道。

居善地，心善渊，与善仁，言善信，正善治，事善能，动善时。夫唯不争，故无尤。

第九章

持而盈之，不如其已。

揣而棁之，不可长保。

金玉满堂，莫之能守。

富贵而骄，自遗其咎。

功遂身退，天之道。

第十章

载营魄抱一，能无离乎？

专气致柔，能婴儿乎？

涤除玄览，能无疵乎？

爱民治国，能无知乎？

天门开阖，能无雌乎？

明白四达，能无为乎？

生之、畜之，生而不有，为而不恃，长而不宰，是谓玄德。

第十一章

三十辐共一毂，当其无，有车之用。

埏埴以为器，当其无，有器之用。

凿户牖以为室，当其无，有室之用。

故有之以为利，无之以为用。

第十二章

五色令人目盲，五音令人耳聋，五味令人口爽，驰骋畋猎令人心发狂，难得之货令人行妨。

是以圣人为腹不为目，故去彼取此。

第十三章

宠辱若惊，贵大患若身。

何谓宠辱若惊？宠，为下得之若惊，失之若惊，是谓宠辱若惊。

何谓贵大患若身？吾所以有大患者，为吾有身，及吾无身，吾有何患！故贵以身为天下，若可寄天下；爱以身为天下，若可托天下。

第十四章

视之不见名曰夷，听之不闻名曰希，搏之不得名曰微。此三者不可致诘，故混而为一。

其上不皦，其下不昧，绳绳不可名，复归于无物，是谓无状之状，无物之象。是谓惚恍。

迎之不见其首，随之不见其后。执古之道，以御今之有，能知古始，是谓道纪。

第十五章

古之善为士者，微妙玄通，深不可识。夫唯不可识，故强为之容。豫焉若冬涉川，犹兮若畏四邻，俨兮其若容，涣兮若冰之将释，敦兮其若朴，旷兮其若谷，混兮其若浊。

孰能浊以静之徐清？孰能安以久动之徐生？保此道者不欲盈，夫唯不盈，故能蔽不新成。

第十六章

致虚极，守静笃，万物并作，吾以观复。

夫物芸芸，各复归其根。

归根曰静，是谓复命。复命曰常，知常曰明，不知常，妄作，凶。

知常容，容乃公，公乃王，王乃天，天乃道，道乃久。没身不殆。

第十七章

太上，下知有之。

其次，亲而誉之。

其次，畏之。

其次，侮之。

信不足，焉有不信焉。

悠兮其贵言。功成事遂，百姓皆谓我自然。

第十八章

大道废，有仁义；慧智出，有大伪；六亲不和，有孝慈；国家昏乱，有忠臣。

第十九章

绝圣弃智，民利百倍；绝仁弃义，民复孝慈；绝巧弃利，盗贼无有。此三者，以为文不足，故令有所属，见素抱朴，少私寡欲。

第二十章

绝学无忧。唯之与阿，相去几何？善之与恶，相去若何？人之所畏，不可不畏。荒兮其未央哉！

众人熙熙，如享太牢，如春登台。我独泊兮其未兆，如婴儿之未孩。儽儽兮若无所归。众人皆有余，而我独若遗。

我愚人之心也哉！沌沌兮！

俗人昭昭，我独昏昏；俗人察察，我独闷闷。

澹兮其若海，飂兮若无止。

众人皆有以，而我独顽似鄙。

我独异于人，而贵食母。

第二十一章

孔德之容，惟道是从。

道之为物，惟恍惟惚。

惚兮恍兮，其中有象；恍兮惚兮，其中有物。

窈兮冥兮，其中有精；其精甚真，其中有信。

自古及今，其名不去，以阅众甫。

吾何以知众甫之状哉？以此。

第二十二章

曲则全，枉则直，洼则盈，敝则新，少则得，多则惑。是以圣人抱一，为天下式。

不自见故明，不自是故彰，不自伐故有功，不自矜故长。夫唯不争，故天下莫能与之争。古之所谓曲则全者，岂虚言哉！诚全而归之。

第二十三章

希言自然。故飘风不终朝，骤雨不终日。孰为此者？天地。天地尚不能久，而况于人乎？故从事于道者，道者同于道，德者同于德，失者同于失。

同于道者，道亦乐得之；同于德者，德亦乐得之；同于失者，失亦乐得之。信不足，焉有不信焉。

第二十四章

企者不立，跨者不行，自见者不明，自是者不彰，自伐者无功，自矜者不长。

其在道也，曰余食赘行。物或恶之，故有道者不处。

第二十五章

有物混成，先天地生，寂兮寥兮，独立不改，周行而不殆，可以为天下母。

吾不知其名，字之曰道，强为之名曰大。大曰逝，逝曰远，远曰反。

故道大，天大，地大，王亦大。域中有四大，而王居其一焉。

人法地，地法天，天法道，道法自然。

第二十六章

重为轻根，静为躁君，是以圣人终日行不离辎重。虽有荣观，燕处超然，奈何万乘之主，而以身轻天下？

轻则失本，躁则失君。

第二十七章

善行无辙迹，善言无瑕谪，善数不用筹策，善闭无关楗而不可开，善结无绳约而不可解。是以圣人常善救人，故无弃人；常善救物，故无弃物，是谓袭明。

故善人者，不善人之师；不善人者，善人之资。不贵其师，不爱其资，虽智大迷，是谓要妙。

第二十八章

知其雄，守其雌，为天下溪。为天下溪，常德不离，复归于婴儿。

知其白，守其黑，为天下式。为天下式，常德不忒，复归于无极。

知其荣，守其辱，为天下谷。为天下谷，常德乃足，复归于朴。

朴散则为器，圣人用之则为官长。故大制不割。

第二十九章

将欲取天下而为之，吾见其不得已。天下神器，不可为也。为者败之，执者失之。

故物或行或随，或歔或吹，或强或羸，或挫或隳。是以圣人去甚，去奢，去泰。

第三十章

以道佐人主者，不以兵强天下，其事好还。师之所处，荆棘生焉。大军之后，必有凶年。

善有果而已，不敢以取强。果而勿矜，果而勿伐，果而勿骄，果而不得已，果而勿强。

物壮则老，是谓不道，不道早已。

第三十一章

夫佳兵者，不祥之器。物或恶之，故有道者不处。君子居则贵左，用兵则贵右。兵者，不祥之器，非君子之器。不得已而用之，恬淡为上，胜而不美。而美之者，是乐杀人。夫乐杀人者，则不可以得志于天下矣。吉事尚左，凶事尚右。偏将军居左，上将军居右，言以丧礼处之。杀人之众，以哀悲泣之。战胜，以丧礼处之。

第三十二章

道常无名，朴虽小，天下莫能臣也。侯王若能守之，万物将自宾。天地相合以降甘露，民莫之令而自均。

始制有名，名亦既有，夫亦将知止。知止可以不殆。譬道之在天下，犹川谷之于江海。

第三十三章

知人者智，自知者明。

胜人者有力，自胜者强。

知足者富，强行者有志，不失其所者久，死而不亡者寿。

第三十四章

大道泛兮，其可左右。万物恃之而生而不辞，功成不名有，衣养万物而不为主。常无欲，可名于小；万物归焉而不为主，可名为大。以其终不自为大，故能成其大。

第三十五章

执大象，天下往；往而不害，安平太。乐与饵，过客止。道之出口，淡乎其无味，视之不足见，听之不足闻，用之不足既。

第三十六章

将欲歙之，必固张之；将欲弱之，必固强之；将欲废之，必固兴之；将欲夺之，必固与之，是谓微明。柔弱胜刚强。鱼不可脱于渊，国之利器不可以示人。

第三十七章

道常无为而无不为，侯王若能守之，万物将自化。化而欲作，吾将镇之以无名之朴。无名之朴，夫亦将无欲。不欲以静，天下将自定。

第三十八章

上德不德，是以有德；下德不失德，是以无德。上德无为而无以为，下德为之而有以为。上仁为之而无以为，上义为之而有以为，上礼为之而莫之应，则攘臂而扔之。故失道而后德，失德而后仁，失仁而后义，失义而后礼。夫礼者，忠信之薄而乱之首。前识者，道之华而愚之始。是以大丈夫处其厚，不居其薄；处其实，不居其华。故去彼取此。

第三十九章

昔之得一者，天得一以清，地得一以宁，神得一以灵，谷得一以盈，万物得一以生，侯王得一以为天下贞。其致之。

天无以清将恐裂，地无以宁将恐发，神无以灵将恐歇，谷无以盈将恐竭，万物无以生将恐灭，侯王无以贵高将恐蹶。

故贵以贱为本，高以下为基。是以侯王自谓孤寡不谷。此非以贱为本邪？非乎？故致数舆无舆。不欲琭琭如玉，珞珞如石。

第四十章

反者，道之动；弱者，道之用。

天下万物生于有，有生于无。

第四十一章

上士闻道，勤而行之；中士闻道，若存若亡；下士闻道，大笑之，不笑不足以为道。故建言有之：明道若昧，进道若退，夷道若类。

上德若谷，大白若辱，广德若不足，建德若偷，质真若渝。大方无隅，大器晚成，大音希声，大象无形。道隐无名，夫唯道善贷且成。

第四十二章

道生一，一生二，二生三，三生万物。万物负阴而抱阳，冲气以为和。

人之所恶，唯孤寡不谷，而王公以为称。故物，或损之而益，或益之而损。

人之所教，我亦教之。强梁者不得其死，吾将以为教父。

第四十三章

天下之至柔，驰骋天下之至坚，无有入无闲，吾是以知无为之有益。不言之教，无为之益，天下希及之。

第四十四章

名与身孰亲？身与货孰多？得与亡孰病？是故甚爱必大费，多藏必厚亡。知足不辱，知止不殆，可以长久。

第四十五章

大成若缺，其用不弊；大盈若冲，其用不穷。大直若屈，大巧若拙，大辩若讷。躁胜寒，静胜热，清静为天下正。

第四十六章

天下有道，却走马以粪；天下无道，戎马生于郊。祸莫大于不知足，咎莫大于欲得，故知足之足，常足矣。

第四十七章

不出户，知天下；不窥牖，见天道。其出弥远，其知弥少。

是以圣人不行而知，不见而名，不为而成。

第四十八章

为学日益，为道日损。损之又损，以至于无为，无为而无不为。取天下常以无事，及其有事，不足以取天下。

第四十九章

圣人无常心，以百姓心为心。善者，吾善之；不善者，吾亦善之，德善。信者，吾信之；不信者，吾亦信之，德信。圣人在天下歙歙，为天下浑其心。圣人皆孩之。

第五十章

出生入死。生之徒十有三，死之徒十有三。人之生动之死地，亦十有三。夫何故？以其生生之厚。盖闻善摄生者，陆行不遇兕虎，入军不被甲兵，兕无所投其角，虎无所措其爪，兵无所容其刃。夫何故？以其无死地。

第五十一章

道生之，德畜之，物形之，势成之。是以万物莫不尊道而贵德。

道之尊，德之贵，夫莫之命而常自然。故道生之，德畜之：长之、育之、亭之、毒之、养之、覆之。生而不有，为而不恃，长而不宰，是谓玄德。

第五十二章

天下有始，以为天下母。既得其母，以知其子；既知其子，复守其母，没身不殆。

塞其兑，闭其门，终身不勤。开其兑，济其事，终身不救。

见小曰明，守柔曰强。用其光，复归其明，无遗身殃，是谓习常。

第五十三章

使我介然有知，行于大道，唯施是畏。大道甚夷，而民好径。朝甚除，田甚芜，仓甚虚。服文采，带利剑，厌饮食，财货有余，是谓盗夸。非道也哉！

第五十四章

善建者不拔，善抱者不脱，子孙以祭祀不辍。修之于身，其德乃真；修之于家，其德乃馀；修之于乡，其德乃长；修之于国，其德乃丰；修之于天下，其德乃普。故以身观身，以家观家，以乡观乡，以国观国，以天下观天下。吾何以知天下然哉？以此。

第五十五章

含德之厚，比于赤子。蜂虿虺蛇不螫，猛兽不据，攫鸟不搏。骨弱筋柔而握固，未知牝牡之合而全作，精之至也。终日号而不嗄，和之至也。知和曰常，知常曰明，益生曰祥，心使气曰强。物壮则老，谓之不道，不道早已。

第五十六章

知者不言，言者不知。塞其兑，闭其门，挫其锐；解其纷，和其光，同其尘，是谓玄同。

故不可得而亲，不可得而疏；不可得而利，不可得而害；不可得而贵，不可得而贱，故为天下贵。

第五十七章

以正治国，以奇用兵，以无事取天下。吾何以知其然哉？以此。天下多忌讳，而民弥贫；民多利器，国家滋昏；人多伎巧，奇物滋起；法令滋彰，盗贼多有。故圣人云，我无为而民自化，我好静而民自正，我无事而民自富，我无欲而民自朴。

第五十八章

其政闷闷，其民淳淳；其政察察，其民缺缺。祸兮福之所倚，福兮祸之所伏。孰知其极？其无正？正复为奇，善复为妖，人之迷，其日固久。是以圣人方而不割，廉而不刿，直而不肆，光而不耀。

第五十九章

治人事天莫若啬。夫唯啬，是谓早服。早服谓之重积德，重积德则无不克，无不克则莫知其极，莫知其极，可以有国。有国之母，可以长久。是谓深根固柢，长生久视之道。

第六十章

治大国若烹小鲜。以道莅天下，其鬼不神。非其鬼不神，其神不伤人；非其神不伤人，圣人亦不伤人。夫两不相伤，故德交归焉。

第六十一章

大国者下流。天下之交，天下之牝。牝常以静胜牡，以静为下。故大国以下小国，则取小国；小国以下大国，则取大国。故或下以取，或下而取。

大国不过欲兼畜人，小国不过欲入事人，夫两者各得其所欲，大者宜为下。

第六十二章

道者万物之奥，善人之宝，不善人之所保。美言可以市，尊行可以加人。人之不善，何弃之有！故立天子，置三公，虽有拱璧以先驷马，不如坐进此道。古之所以贵此道者何？不曰以求得，有罪以免邪？故为天下贵。

第六十三章

为无为，事无事，味无味。大小多少，报怨以德。图难于其易，为大于其细。天下难事必作于易，天下大事必作于细，是以圣人终不为大，故能成其大。夫轻诺必寡信，多易必多难，是以圣人犹难之。故终无难矣。

第六十四章

其安易持，其未兆易谋，其脆易泮，其微易散。为之于未有，治之于未乱。合抱之木，生于毫末；九层之台，起于累土；千里之行，始于足下。为者败之，执者失之。是以圣人无为，故无败；无执，故无失。民之从事，常于几成而败之。慎终如始，则无败事。是以圣人欲不欲，不贵难得之货。学不学，复众人之所过。以辅万物之自然，而不敢为。

第六十五章

古之善为道者，非以明民，将以愚之。民之难治，以其智多。故以智治国，国之贼；不以智治国，国之福。知此两者，亦稽式。常知稽式，是谓玄德。玄德深矣，远矣，与物反矣，然后乃至大顺。

第六十六章

江海所以能为百谷王者，以其善下之，故能为百谷王。是以欲上民，必以言下之；欲先民，必以身后之。是以圣人处上而民不重，处前而民不害，是以天下乐推而不厌。以其不争，故天下莫能与之争。

第六十七章

天下皆谓我道大，似不肖。夫唯大，故似不肖。若肖，久矣其细也夫。我有三宝，持而保之。一曰慈，二曰俭，三曰不敢为天下先。慈，故能勇；俭，故能广；不敢为天下先，故能成器长。今舍慈且勇，舍俭且广，舍后且先，死矣！夫慈，以战则胜，以守则固，天降救之，以慈卫之。

第六十八章

善为士者不武，善战者不怒，善胜敌者不与，善用人者为之下。是谓不争之德，是谓用人之力，是谓配天古之极。

第六十九章

用兵有言，吾不敢为主而为客，不敢进寸而退尺。是谓行无行，攘无臂，扔无敌，执无兵。祸莫大于轻敌，轻敌几丧吾宝。故抗兵相加，哀者胜矣。

第七十章

吾言甚易知，甚易行，天下莫能知，莫能行。言有宗，事有君。夫唯无知，是以不我知。知我者希，则我者贵，是以圣人被褐怀玉。

第七十一章

知不知，上；不知知，病。

夫唯病病，是以不病。圣人不病，以其病病，是以不病。

第七十二章

民不畏威，则大威至。无狎其所居，无厌其所生。夫唯不厌，是以不厌。是以圣人自知，不自见；自爱，不自贵。故去彼取此。

第七十三章

勇于敢则杀，勇于不敢则活。此两者，或利或害。天之所恶，孰知其故？是以圣人犹难之。天之道，不争而善胜，不言而善应，不召而自来，繟然而善谋。天网恢恢，疏而不失。

第七十四章

民不畏死，奈何以死惧之！若使民常畏死，而为奇者吾得执而杀之，孰敢？常有司杀者杀，夫代司杀者杀，是谓代大匠斫。夫代大匠斫者，希有不伤其手矣。

第七十五章

民之饥，以其上食税之多，是以饥。民之难治，以其上之有为，是以难治。民之轻死，以其求生之厚，是以轻死。夫唯无以生为者，是贤于贵生。

第七十六章

人之生也柔弱，其死也坚强。万物草木之生也柔脆，其死也枯槁。故坚强者死之徒，柔弱者生之徒。是以兵强则不胜，木强则兵。强大处下，柔弱处上。

第七十七章

天之道，其犹张弓欤！高者抑之，下者举之；有余者损之，不足者补之。天之道，损有余而补不足。人之道则不然，损不足以奉有余。孰能有余以奉天下？唯有道者。是以圣人为而不恃，功成而不处，其不欲见贤。

第七十八章

天下莫柔弱于水，而攻坚强者莫之能胜，其无以易之。弱之胜强，柔之胜刚，天下莫不知，莫能行。是以圣人云，受国之垢，是谓社稷主；受国不祥，是为天下王。正言若反。

第七十九章

和大怨，必有余怨，安可以为善？是以圣人执左契，而不责于人。有德司契，无德司彻。天道无亲，常与善人。

第八十章

小国寡民，使有什伯之器而不用，使民重死而不远徙。虽有舟舆，无所乘之；虽有甲兵，无所陈之；使人复结绳而用之。甘其食，美其服，安其居，乐其俗。邻国相望，鸡犬之声相闻，民至老死不相往来。

第八十一章

信言不美，美言不信，善者不辩，辩者不善；知者不博，博者不知。圣人不积，既以为人，己愈有；既以与人，己愈多。天之道，利而不害。圣人之道，为而不争。

注：本书《道德经》全文引自中华书局《老子〈道德经〉注校释》（2008 年版）。

目录

壹 人生的态度

贰 领导的气场

叁

管理的智慧

肆

精进的法门

伍 处世的哲学

序言

什么是中国智慧？

《道德经》告诉我：智慧是明白通达，是内外和谐，是微妙玄通。

什么是真理？

《道德经》告诉我：真理是一个能用以理解所有情景的至简的道理。当你能用一个至简的道理去理解一切时，你已经拥有了真理。

《道德经》是中国古典文化的开山之作，博大精深，包罗万象，让我每次思量，都能受益无穷，如观沧海，不能不兴叹！

这本《百品〈道德经〉》，是我最近几年的感悟，不能道尽老子智慧的天经地纬，只是于大智慧中体会到一些皮毛，分享给大家，希望和大家一起推开众妙之门，为中华文明贡献出我的力量。

「壹」人生的态度

强大处下，柔弱处上。
是以圣人后其身而身先，外其身而身存。
宠辱若惊，贵大患若身。

［第一品］

老子的五观：不忘初心，方得始终

知人者智，自知者明。
胜人者有力，自胜者强。
知足者富，强行者有志，
不失其所者久，死而不亡者寿。

——《道德经》第三十三章

现代人讲三观：价值观、人生观、世界观。老子则将他对待这个世界的态度，总结成了五观。

1. 认知观

“知人者智，自知者明。”一个能够知道、了解别人的人，是聪明的人；一个能够了解自己的人，是有智慧的人。这句话中，自知是本。一个人对世界的了解源于他自己的认知系统。这个认知系统好比一面镜子，如果这面镜子是凹面镜，那么这个人看见的所有东西的样子都是变形的。所以，要正确认知世界，最重要的是先建立正确的认知观，让自己的这面镜子是平的、正的，照出事物的真正面目。

2. 价值观

“胜人者有力，自胜者强。”能够战胜别人的人，是有力量的人；能够战胜自己的人，才是真正的强者。老子的价值观是以自胜为重。胜人是站在与他人的互动、比较之上的。须知山外有山，人外有人。不断追求比别人厉害，会让我们永远处于比较之中，却忽略了对自身情况的关注。我们只有跟自己比，能够每天进步一点点，为学日益，向着更好的自己前进，才会充满动力与成就感，才能真正变得强大。

3. 幸福观

“知足者富”。足，指的是恒久的足，即既知足也知不足，通过努力，把不足转化为足。

人生的幸福，源于恒久的足。要获得恒久的足，就要既满足于当下，又能够明确未来的路，不断为下一个阶段的满足感打下基础。

4. 事业观

“强行者有志”。一个人能够坚定不移地为了自己心中所想而行动，这样的人志存高远又敏于行，有行的执着和坚韧的意志，才能成就一番事业。

5. 人生观

“不失其所者久，死而不亡者寿。”一个人做事不背离初心，才能够做得长久；人的身体可以死亡，但是精神不会消亡，能够把精神传承下去，才是真的长寿。这句话传递了老子的人生态度：看重长远，看重整体的好。

这五观综合理解就是：凡事从自我开始做起，凡事从自我开始认清，才能更有利于成就人生。自强不息，不忘初心，不失自己安身立命的基础，才能长久幸福。这样的精神如果能传承下去，就会永不消亡。

[第二品]

人生的标尺：不脱离正道，不脱离善道

老子用极精练的六个字，总结了把握人生追求的尺度：去甚，去奢，去泰。

这“三去”，是老子把握人生的标尺，可以帮你有效地去除不好的认知与行为，让人生不脱离正道，不脱离善道，不脱离长久之道。

1. 去甚

甚，指极端。去甚就是要去掉极端的思想、言行。世界的根本规律遵从于道，永恒不变。人生要顺从于道，从自然无为中成就有为，做人做事，都不要极端。

2. 去奢

奢，有彰显和浪费的含义。通过和别人对比，来彰显自己所拥有的，突出自己的价值，叫奢侈。这种奢侈会带来很多负面效应。首先，它会让你脱离团体。看似你比别人高贵，但其实人人都是平等的，你处处彰显自己，自我感觉良好，只会招来别人的反感。因为你是通过比较别人的不足来彰显自己的，本身就是以对立的姿态建立自己的形象和人格，所以注定会遭到别人对你的反抗。其次，如果你是企业领导，你的这种做法还会引领员工争相效仿，给低收入人群带来很大压力。

总的说来，奢侈一定会带来私欲的膨胀、无尽的掠夺；而奢侈对于整体而言，又会造成无数浪费，这样的风气也会影响团队的发展。所以管理者切不可奢侈，人生更不能以奢侈、尊贵为追求。

3. 去泰

泰，指过度。这个度以什么为标准呢？我认为应该以对你所服务的整体有好处为衡量标尺。你的思想或行为因为追求过多，而产生了不良反应，所以在形成不可挽回的局面之前，你要有去泰的意识，不能非要等到失去，才敲响警钟，甚至依然执迷不悟。

想要不过度，就要能体会适度给人带来的美好，去掉过分狂热的追求。要让自己能够安于所拥有的少，进而稳健地求多。

[第三品]

道出于平凡：相信逻辑，相信常理

世人把得道之人想象得神乎其神，无所不能。

第一，这个世界上没有无所不能的人，只有拥有无数可能性的人生。

第二，任何人的特质都不能超越人的基本能力。比如你可能比大多数人高一些，但不会高出好几米。

第三，任何把自己描绘得无所不能的人，都是在自欺欺人。

老子在《道德经》里说“圣人不病，以其病病”，意思是：得道的圣人没有缺点，因为他能正视缺点。老子还讲述了圣人治世的基本理念，如“以身为天下”“利而不害”“长而不宰”等。他告诉我们，圣人是能通过学习而获得成就的。在老子眼里，神魔鬼怪是一样的害人之物。神用所谓的灵验骗你相信它，鬼用伤害你的方式让你害怕它。两者本身都是不好的，也不是从于真的大道。老子说圣人在天下，就要让神不伤人、鬼不伤人。

我们不要迷信谁的“超能力”，要相信那些合于常理、逻辑的人与事。

能够普遍存在的理，才能够给每个人带来指引。而真正普遍存在的理，是不需要通过惊世骇俗的现象来体现的。

“道之出口，淡乎其无味”，两千多年后，我们再来品味老子的话，平淡无味的语句，似乎没有什么意思。然而，能说出平淡却有用的话的人，往往可能是得道之人。

得道之人，没有什么超人之术，也不会什么特异功能，但他们可以默默地书写他们的感悟，为后来人去伪存真，功成而不居功。

第四品 虚极静笃：从道中感悟人生

世间人懂得的美妙享受，多指五色、五音、五味。五色指珠宝华服，五音指靡靡之音，五味指珍馐酒饮。可是，在老子看来，如果对这些东西过度追求，那么，五色令人眼花缭乱，五音令人失去心智，五味令人食不知味。

但常人除了声色之娱，似乎寻不到什么更好的享受。所以世人多在声色犬马中游荡，得了富贵的，便穷奢极欲；没得富贵的，要么羡慕嫉妒恨，要么疯狂追逐富贵。太多人都不懂得，人生还有另一番享受。这另一番享受，存在于对真理的追求之中，对大美的品味之中，对大爱的感动之中。

整部《道德经》，就是在教我们如何进入这个真、善、美的世界。其实这个世界不在别处，就在当下的一切之中。只是要进入这个世界，需要安静下来，“万物并作，吾以观复”。

也就是说，要虚极静笃，即要静下心来，使心灵保持虚和静的至极笃定状态，不受外物影响地体悟一切存在，让静之徐清，动之徐生，通过对一点一滴的观察，认清事物循环往复的规律，进而得“道”——得出具有必然性、普遍性的认知，以更好地把握自己想要的，达成幸福的长久之道。

因此，老子说，“立天子，置三公，虽有拱璧以先驷马，不如坐进此道”。

在天子即位、设置三公时，虽然有先献宝玉后献宝马的献礼仪式，倒不如把“道”献给他们。

为什么很多人整日寻欢作乐还觉得空虚？就是因为缺少至真的满足、至善的温暖、至美的滋养，所以越纵欲越空虚，越空虚越疯狂，导致虽有了财富，还是不幸福。

“玄之又玄，众妙之门”，通过对《道德经》的学习和理解，我感受到了幸福，像走进了一个奇妙无比的世界——它就是众妙之门里的世界吧！

[第五品] 精彩人生：不过度，不极端，不奢侈

能够不断实现精彩的人生，是每个人都渴望的。精彩是快乐的、有趣的，也是美妙的、幸福的，但多数人并不懂得如何获得精彩的人生。

老子说“故常无欲，以观其妙”，意思是从有限认知走向无限认知，才能感觉到美妙和精彩。

一个人如果自觉寂寞空虚，那是因为他被困在自己认知的圈子里。人是需要不断地吸收精神营养来满足自己的欲望的。

实现精彩人生的要义就是，精彩来自我们与他人或世界的互动，也就是有限与无限的有无相生。

如何获得精彩人生？我们要做到“三去”：去甚，去奢，去泰。

第一要去甚，甚就是极端。一些人不缺乏和外界的互动，他们会去跑马拉松，会去做很多挑战生命极限的运动，这的确会带来精彩刺激的体验。但如果这些会危及他们的安全或健康，他们就不能再做这些了，这就是去甚。

第二要去奢，奢就是奢侈。现在多数人会追求更贵的物质，认为只有更贵的才是更好的。他们其实是不懂得，精彩的生活不是来自更贵的物质，而是来自自己和外界更多的互动，来自自己在互动中得到的感悟和体验。

第三要去泰，泰指的是对安逸的过度追求。越懒得行动，越少跟外界互动，就越会缺少实现精彩人生的可能。

世界是有限的，如何实现无限的精彩人生呢？就是要明白，除了声色享受，有更深刻的内容可以探索，那就是道的追求，德的修为。

【第六品】

谈人生观：不恃强，不自大，平淡是真

老子提出的“三归”，是去甚、去奢、去泰后的一种人生追求。

1. 归于婴儿

婴儿喻指天真的本性。婴儿拥有天真无害的柔，以此博得成人的爱。做人就应该以如婴儿般的柔，达成不争之德。守住柔，就守住了德之根本。不取强，不恃强，不彰显自己的强，才是做人应该遵从的道之根本。

面对这个世界，刚柔并济似乎是最合适的为人之道，可是，我们应该时刻谨记，少用刚的状态，能不用刚就不用，应该建立以柔为主的人生观。

> 事物过于强大，就会走向衰朽。

柔情更容易受人喜爱，柔软更容易被人接受。所以我们要让自己处于自然柔软的状态，而不是“物壮则老”。

2. 归于无极

无极就是没有极限，就是不会物壮则老。老子说要知白守黑、知荣守辱，这是在告诉我们，只能享受荣耀而不能接受屈辱的人，会渐渐失败。一个人如果取得了一些成就，就再也听不进去别人的意见，就会渐渐进入物壮则老的状态。自以为是，就会片面武断；不能接受不喜欢的，就不能改变发展；不能虚心容纳，就不能无中生有。所以人要归于无极，让自己走出封闭状态，没有边界束缚，永远有路可走，永远有梦可做，永远有新可成，永远有大我可追寻。

3. 归于朴素

归于朴素，看遍沧桑，平淡是真。在平淡中品味一切美好，用平凡的心态体悟大道。不让自己超越于他人，才能融进世界，在不破坏整体美好的前提下，建立自己的价值意义体系。

守住朴素的本质，守住做人的平凡、平等理念，是“三归”的核心与基础。

总结而言，每个人都是平等的，我们要为自己和更多人的美好去认知和行动，而不是损害别人，成就自己。

[第七品]

谈价值观：知整体，不争抢，顺应道

知其雄，守其雌，为天下溪。为天下溪，常德不离，复归于婴儿。知其白，守其黑，为天下式。为天下式，常德不忒，复归于无极。知其荣，守其辱，为天下谷。为天下谷，常德乃足，复归于朴。朴散则为器，圣人用之则为官长。故大制不割。

——《道德经》第二十八章

“知其雄，守其雌，为天下溪。为天下溪，常德不离，复归于婴儿。”一个人知道雄性的勇猛、变化、创新，却能够守住雌性的包容、忍让、慈爱，甘作溪涧，就不会失德。溪涧是两山之间的河沟，因处于低处，可以源源不断地汇聚水流，源远流长。能够汇集天下的溪流，也就具备了恒久的德，当能够守住恒久的德时，人又会回归到婴儿般柔的状态。

“知其白，守其黑，为天下式。为天下式，常德不忒，复归于无极。”一个人明白什么是明亮光耀，却不为所惑，能够守住黑影和幽暗之处，这样的人可以做天下的范式。一个人能够安于不荣耀的状态，才能最自在地做好每件事。毕竟荣耀作为奇，不是常态，唯有从平常中发现真、善、美，才能够做到乐行天下。能认知到这些，就能不离德，人才能悟出真理。

“知其荣，守其辱，为天下谷。为天下谷，常德乃足，复归于朴。”一个人知道荣耀是什么，却能安守屈辱，甘愿做天下的川谷，包容一切，他的德就会充足，他就可以回复到自然而然的纯真状态。

老子用上面三句话谈到了做人的三个维度：

第一，知雄守雌。我们要以雌性的慈爱为中心去发展雄性的刚毅性格。

第二，知白守黑。我们认知事物时不能割裂对立，要看到整体。而认清那些我们觉得不好的层面，往往是解决问题的关键。

第三，知荣守辱。不能把握好屈辱的人，往往也难以把握荣耀。面对得失的时候，我们不要以求荣为核心，而应能安于不好的环境和地位，以此为修行之道，将辱与荣视为一体，进入返璞归真的境界。

这三个维度都是在道的指引下，可以实现的状态，只要你能够顺应道去做事，自然可以持续获得好的结果。

同时，老子指出：“朴散则为器，圣人用之则为官长。

故大制不割。”在这里，他用“朴散则为器”做比喻，用经过雕琢后大有用处的器具，比喻那些返璞归真的人，一经培养，就会成为人才。圣人治国，可把这些人用作国之栋梁。同样，管理者做管理，也不可舍弃这样朴实无华的人。

至此，我们通过这一章完整地理解了《道德经》传递的价值观：知整体，守雌、守黑、守辱，不争抢，顺应道去做事，返璞归真，就可以自然而然地成就人生。

第八品 幸福法则：乐从苦中来

老子在《道德经》中说，“有无相生，难易相成，长短相较，高下相倾”，他又说，“万物负阴而抱阳，冲气以为和”，这些都是相反相成的思想。那么，我们渴望的幸福，与相反相成的道，两者之间有什么必然的关系呢？下面，我们就从人追求的幸福说起。

广义的幸福包括喜悦、快乐、美好、有趣的体验，狭义的幸福指的是内心的一种满足感。无论是广义的幸福还是狭义的幸福，都是我们在追求美好的过程中所获得的感受。

《道德经》第二章说，“天下皆知美之为美，斯恶已；皆知善之为善，斯不善已”，意思是你感觉到了美的存在，是因为你明白什么是不美的，你发现了善的存在，是因为你知道什么是不善的。美和不美、善和不善，是相反相成的。

我们可以推论，人们对美好的感觉，也是同对不美好的感知相反相成的。我们感受到的任何美好，都源自不美好的衬托。比如，我们什么时候会觉得食物吃起来特别香甜？一般是越饿吃起来越香。再比如，我们要感受兰花的香气，就一定不能一直待在有兰花的屋子里；要想体会到温暖的幸福，就一定要领略寒冷的滋味。为什么呢？在放有兰花的室内一直待着，闻惯了花香，已经对花香不敏感了，所以是最感受不到兰花的香气的；在温暖的屋子里一直待着，没有尝过寒冷的滋味，是最感受不到温暖的美好的。

幸福也一样。如果一个人长久地处于幸福之中，或许他不会感到自己是幸福的。想要不断地感觉幸福美妙，就一定要遵从相反相成的规律，就要在不那么幸福、不那么美妙的事物中发现美好。

不少家长自己吃过很多苦后，有了很好的物质生活条件，于是就不愿让孩子吃苦。可是别忘了，生活在蜜罐里的孩子，是最感受不到甜的滋味的。幸福是要依靠不幸福来感知的。孩子在家长搭建的幸福蜜罐中，往往会感觉无聊、空虚。其实，家长吃苦、奋斗，才成就了物质生活的幸福。孩子没有吃过苦，所以他们感受不到家长认为的幸福。甚至，家长以为给孩子的是幸福，对于孩子而言，他尝到的却是麻木的痛苦。这样的事与愿违，往往造成孩子的叛逆心理，有的孩子就会向外寻求幸福，而外面的世界又充满了不确定性，甚至危险。

诸葛亮教育儿子，“静以修身，俭以养德”。如果家长懂得俭以养德，想培养出一个懂得珍惜的孩子，就不能随便让他们得到满足，而应遵从相反相成的规律，让他们好好地品味每一餐的粗茶淡饭。幸福要从品味最俭朴的生活开始，当一个人能从最平常的生活中品味出真、善、美的时候，那么，在任何处境下，他都能感受到幸福的存在。

说到这里，我们会发现，幸福其实是道，想要实现幸福的人生，就要认清幸与不幸的相反相成之道，然后用心从不幸福的境遇中品味出幸福。拥有了这样的能力，你才能不断感知幸福。

《菜根谭》里说：“静中静非真静，动处静得来，才是性天之真境；乐处乐非真乐，苦中乐得来，才是心体之真机。”在苦中都能快乐，又会有什么是不快乐的呢？我们每天都会面对不如意，而所有的不如意，恰恰是如意的成因，这就是相反相成。唯有主动从不如意里探寻如意，才能让幸福贯穿一生。

知易行难，其中最难克服的心理障碍是，要把不如意的事看成如意之事的成因。你要认识到，正是这些不如意，让你的如意有了价值和意义。所以你要欣赏不如意，发现不如意的价值和意义。当你去欣赏苦的时候，苦就不苦了；当你去发现不如意的好处时，不如意已经转化为你的奋斗动力了。

《庄子·渔文》里有一个畏影恶迹的故事：一个人怕自己的影子跟着自己，又怕自己的脚印，于是他就疯狂地跑，结果直到累死，也没有摆脱影子和脚印的跟随。幸福和不幸福，就好像光和影子，我们喜欢光，也要接受影的存在，我们喜欢幸福，也要接受不幸福的存在；正是因为有黑暗，光明才有它的意义，正是因为有了不幸福，我们才有了对幸福的渴望和珍惜。当我们不排斥不幸福的时候，我们已经在走向幸福的路上了，当我们懂得去发现不幸福中的真、善、美时，不幸福已经是幸福本身了。

《菜根谭》有这样的话："欲做精金美玉的人品，定从烈火中煅来；思立掀天揭地的事功，须向薄冰上履过。"想要成就更美好的自己，就一定要经受不美好的历练。

如果你能在最平常之处得到最高明的感悟，能在最平淡之处得到幸福，你才算拥有了大智慧。

第九品 快乐法则：一花一草皆有喜悦

有的人不懂快乐喜悦的真谛，但几乎所有人都会有快乐喜悦的情绪。

我们每天都在追求更好，这就说明了我们的当下存在不足。我们的喜悦就是在弥补不足，追求美好的过程中生发的。任何喜悦都来自发现，发现更真的道理，发现更奇的事物，发现更喜欢的人与事，发现更长久的美好。

我们想要喜悦，就要遵循无中生有的发现规律。比如，当你一个人在院子里待着，如果不去发现更美的事物，你就不会产生喜悦。如果迎面吹来的风、天空飘过的云不能给你喜悦，那么请你去品味花草的芬芳。如果你在当下获得了喜悦，请把这份喜悦分享给他人，你的喜悦会因此倍增！

[第十品]

知足常乐：懂得幸福是获得幸福的前提

有人说：找一个懂你的人在一起生活，容易幸福。

这话看似有道理，于是年轻人按照这个思路去寻找，结果会发现找到一个懂自己的人太难了。

这里有一个需要澄清的地方：这个世界上有没有一个人可以完全懂你？显然没有！

所以古语说，“和而不同”，“求同存异”。

懂你，懂的是什么？是方向。懂得你的追求、你所看重的，懂得你的三观并接纳之。

那么，懂得和幸福之间是什么关系？

知恒足，常乐。

一个人的幸福取决于他把自己的幸福建立在什么地方。一个人只有懂得什么是真正的幸福，才有可能获得幸福。所以，懂得幸福是获得幸福的前提。

那么，如何懂得？为学日益！

人的认知基础越牢固，越有整体感，人所懂的东西才越接近真理。这样的懂得才是获得幸福的前提。

对你爱的人，你唯有懂得如何让他幸福，你们才能更好地相爱；对你身边的人与事物，你唯有懂得如何对他们好，你们才能更好地相处。

［第十一品］

众妙之门：在平常中感受奇妙

一个人为什么会感觉幸福？得到了想要得到的东西。

如何让幸福的感觉更长久？能够持续地品味得到的快乐。

常人在得到的那一刻，会感觉幸福，然后，随着时间的流逝，这种幸福感会降低。

为什么幸福感会随着时间的推移而减弱呢？因为人性好奇。人对于新鲜事物的感觉会更敏锐。一旦这个事物成为常态，人就会习焉不察，感觉钝化。

怎么化解这个现象呢？

老子说“常无欲，以观其妙；常有欲，以观其徼”，我们会在无限的未知里发现新的东西，无中生有的过程让人感觉非常奇妙。例如，人们对已知的世界做出研究、探索，从中发现规律，然后运用这个规律去探寻未知，做出创新。这个过程让人类文明不断进步，也让人类感觉奇妙无穷。

有与无，“此两者同出而异名，同谓之玄，玄之又玄，众妙之门”。是的，打开众妙之门的就是无中生有。而这个无中生出的有，是那些有益于整体的有。众妙之门是通往真、善、美的大门，朝向让人类更幸福的方向。

一个打开了众妙之门的人，一花、一叶对他而言，处处皆可有发现。能够在平常事、平常物中感受到无限奇妙的人，其幸福的感觉会持续更久。

第十二品

有无相生：从万物中洞察人生

《道德经》中说，“为之于未有”，“九层之台，起于累土”。

要在事情还没有发生的时候就要妥善处理，这是无中生有的思想。

如果无限中不能生有，万物从何而来？

如果未知的世界可以无限生出新的事物，那我们该用怎样的心态去面对？

九层之台，若是盛大美妙的，那也是由普通的一砖一瓦搭建起来的。

每天都有黄昏，也许你会觉得黄昏很平常。面对寻常的黄昏，我们也要善于发现它的美。

古代的文人墨客，面对黄昏时，会妙笔生花，寄情于文字绘画；老子或许也是面对黄昏，体会出天地人间的大道的。

他们完成了无中生有，让中华文明的九层之台，起于他们自己的累土。而我们也应该在黄昏中发现更多的真、善、美，为更多人带去美好。

［第十三品］

求长久：把握规律，自然而行

老子说，道“独立不改，周行而不殆”。“独立”谓之唯一，“不改”谓之永远不会变更，“周行”谓之无始无终，“不殆”谓之永恒不灭。

我们都知道质能守恒定律，却不知道老子所说的守恒定律。那么他所说的守恒定律是什么呢？

用一个字概括，谓之“道”；用两个字概括道的运作状态，叫“自然”；用四个字概括道与万物的关系，叫“长而不宰”；用四个字概括道成就万物万事的规律，叫“善贷且成”。而道又是可以无中生有，相反相成的。道通过无私来成就有私，通过不以其大而成就其大。

这些规律就是道的表现。它们普遍存在于人类的认知与行为中，只是未必每个人都能意识到这些规律的存在。

老子深知，如果不能实现更长久的美好，人什么也把握不了。所以他的《道德经》说的就是认识这个恒久的“道”，然后按照长久之道的规律，求取自己和他人想要的美好。

老子以圣人的言行为例告诉我们，如果我们也有圣人的智慧，也可以做出长久的、美好的，符合整体人类需要的选择，最终获得更大的成就。

[第十四品]

求自在：不要刻意而为，要用心而为

我们经常听到“天道酬勤”这样的箴言。很多人都崇信，唯有勤奋刻苦，才能有所成就。对于想在某个方面做出优秀成绩的人而言，最快的方式，当然是尽所有努力攻这一个方向。

但这样主攻一个方面，人就往往很难兼顾其他方面。比如一个人特别勤奋地工作却忽略了身体健康，他可能没过中年，身体就已经疲惫不堪了。

持久有效地走好人生长路，个人才能获得幸福。持久地做好一份事业，企业才能基业长青。那么，我们要用什么样的理念去把握整体的长久，又该用什么样的理念去实现我们想要的成就呢?

答案就在《道德经》的自然而然之道里。老子说大道绵绵不绝，永恒存在，应用不穷。道的用处是自然而然发挥出来的，毫无刻意。

我们的认知，是从刻意走向不刻意的，就像我们学习开车，刚开始一定特别刻意，油门在哪里，刹车在哪里，都要刻意勤学硬记，但多次上路之后，我们开起车来就会越来越自然、放松。

老子认为这个过程是“为学日益，为道日损。损之又损，以至于无为，无为而无不为”的过程。此无为，指自在而为。

我们要明白，最好的有为，是自在而为，而不是不停地逼自己，不停地让自己吃苦。

人生最好的状态，叫大自在。我们如果也想达到大自在的状态，就要懂得无为之道。我们如果想自然而然，就要用干一行爱一行的心去工作，用爱去作为，只有这样，我们才能更容易去掉对立，达到自己与工作的合一，达到自由自在的状态，成就自在人生。

[第十五品]

正与奇：主动发现平常之美

我的朋友圈里有一条一个人用手机拍摄的七彩云的视频，这个视频获得了很多个赞。视频内容是蓝天上的一片白云渐渐变成七彩云的过程，短短两分钟，引来无数人惊叹。

人们因何会惊叹？因为七彩云不常见，所以人们觉得看见七彩云是一种幸运，于是兴奋、惊叹。

那么，我们平时看到白云会兴奋和惊叹吗？不会兴奋，不会惊叹，甚至不会刻意去看。为什么呢？因为白云常常可见，太普通了。

倘若我们天天看到的云彩都是七彩云，那我们也不会对七彩云感到兴奋了，因为见惯了就没有好奇心了，渐渐地就熟视无睹了。

如果我们看了一年的七彩云，忽然出现一片白云呢？我们会兴奋，因为此时的白云变成了不常见的奇观。

由此可见，如何能够持续地兴奋呢？不断看到更多新奇的事物。

老子提出“以正治国，以奇用兵”的道理。讲的是治理国家要用大道，而用兵则可以用奇巧、诡秘的方法。因为“正”具有普遍性和必然性，可以把握；“奇”具有特殊性，不可长久把握。经营企业和治理国家一样，用的是长久之道，而做一次企划案、营销案和用兵一样，可以求奇，阶段性完成即可。

而生活之美，恰恰是将那些无限的奇化用到平常的正之中的。唯有主动发现平常之美，才可获得令人欣喜的长久之道。

世界上找不到两片完全相同的树叶，也找不到两片形状完全相同的云。我们遇见的任何人与事物，皆是如此唯一。主动去欣赏这样的唯一，就是发现美与幸福的方式。

如此，我们可以发现爱人每时每刻的美妙，可以发现生活点点滴滴的奇妙，可以发现事业每分每秒的精彩，可以通过“奇”理解人间的大道。

【第十六品】

强与弱：主动示弱有大好处

人之生也柔弱，其死也坚强。万物草木之生也柔脆，其死也枯槁。故坚强者死之徒，柔弱者生之徒。是以兵强则不胜，木强则兵。强大处下，柔弱处上。

——《道德经》第七十六章

老子提倡柔弱，不提倡刚强，他通过对自然万物的观察，在植物的生长规律中悟到了柔弱胜刚强的道理。

老子在《道德经》第七十六章的开篇就提到了他的主要观点：人活着的时候身体是柔软的，死了之后身体会变得僵硬。不只是人，你看草木，活着的时候都是柔软脆弱的，死了以后就变得干硬枯槁了。

这样的对比，带给我们的启示是什么？坚硬的东西容易走向死亡，柔弱的东西容易获得生机。用兵过于逞强，容易招致失败，树木过于高大，就会遭到砍伐。让强者处于下位，让柔弱者居于上位，这才是长久之道。

所以，当我们处于强势时，不要过于追求强势，要学会示弱，让自己处于低处，这样才是长久之道。当我们处于柔弱的状态呢，这恰恰是我们的机会，我们可以通过成长和发展，越来越好。这样强者弱之，弱者强之，整个世界就互动了起来，这才是整体之道。

因为强大而造成的自以为是，让人进入封闭状态；因为强求而造成的割裂，会让人脱离整体；因为强暴而造成的伤害，更会让人失去人心。在任何时候都不要逞强，否则人会很容易出错，物壮则老。

我们要强大，但我们的强大是温柔的，是爱及他人的。我们要的是有德的强大，唯有有德，可以长久。

【第十七品】

福与祸：富须俭而不奢，达应兼济天下

其政闷闷，其民淳淳；其政察察，其民缺缺。祸兮福之所倚，福兮祸之所伏。孰知其极？其无正？正复为奇，善复为妖，人之迷，其日固久。是以圣人方而不割，廉而不刿，直而不肆，光而不耀。

——《道德经》第五十八章

老子所说的“福祸相依”，指的是什么？

“其政闷闷，其民淳淳；其政察察，其民缺缺。祸兮福之所倚，福兮祸之所伏。”一个国家政局看起来不清明，常人会以为这是祸，实际上，这样的国家，民风淳朴，是有福气的；一个国家政令特别严苛，统治者以为这是国家的福气，实际上老百姓都感觉不满，怨声载道，反而是国家之祸。

“孰知其极？其无正？正复为奇，善复为妖，人之迷，其日固久。”谁能知道一件事究竟是福还是祸呢？福和祸，并没有固定的标准。正的忽然变成邪的，善的忽然变成恶的。对于此，人们的迷惑，由来已久了。

“是以圣人方而不割，廉而不刿，直而不肆，光而不耀。”圣人看重整体不割裂之，为人方正而不僵化，犀利而不伤人，直率而不放肆，追求荣光而不过分显耀。

老子的福祸观和我们常人理解的福祸不同。常人认为大富大贵是福气，老子认为如果你不尊道，过多的财物反而会给你带来祸患。常人认为受辱、处于下是不好的，老子恰恰认为人要主动守雌、守下、守黑、守弱。

一个人能够懂得整体与长久之道，看问题就不会片面；懂得福祸的根源，就会守住道；能够守住道，也就会避免“正复为奇，善复为妖”，获得真正的福。

长久的福不是比别人得到的财富更多，而是能够守住俭而不奢、方而不割、长而不宰、为而不恃的道。

福报，不应只停留在荣华富贵的维度。一个人想要长久有福，就必须去掉追求荣华富贵的心态，多行善，损有余而补不足。一个人能够爱及更多的人，又不求回报，才会真正有福。这样的福，也不会招来大祸患。

[第十八品]

好奇心：在奇妙中把握人生规律

黄昏在你眼中是什么样子的？什么样的黄昏是你最喜欢的？还记得上次看黄昏是什么时候吗？还记得你喜欢的那个黄昏，为什么让你喜欢吗？

当下，能够用心感受黄昏的人越来越少了。除非某天出现晚霞、火烧云等奇观，人们才会特别留意一下夕阳映照的天空。否则，视之不见。

为什么会这样呢？因为你失去了发现的激情，失去了孩子般的好奇心，你认为世界是平常无奇的。

常人对常态不好奇、不敏感，在生活的方方面面都有体现。

感受不到空气的存在，除非失去；

感受不到健康的珍贵，除非生病；

……

实际上，我们生命质量的高低，恰恰仰仗于这些被我们习以为常进而忽略的东西是否时时伴随我们左右。

我们要有好奇心，但不能只是好奇，要在奇妙里总结规律。

正是善待常态的存在，它们是我们人生的基础；奇是不常有的事物，它们给我们带来惊喜。我们在正中享受美妙的滋养的同时，也要善于在正中发现奇，从奇中品味妙，这样就能够更好地把握人生的规律。

［第十九品］

无为：顺应自然，无为而为

“为无为，事无事，味无味。”这是老子在《道德经》第六十三章提出的理念，它对“无为”的理念做了进一步的阐述，读来令人茅塞顿开。

“为无为”：老子提倡无为，不是说不作为，而是去除不符合道的刻意作为。行为要顺应道，自然而然达成，称之为“为无为”。

“事无事”：做事顺应道，不生事，不刻意而为。这也不是让我们不做事，而是提醒我们要顺应道，自然而然地去做，在做的过程中用无事的心去看待事情。

在常人的理解中，“做事”指特意去做什么，一般情况下人们说“做事”，多指工作上的事。在感觉中，做事是要刻意和严谨的，所以人们一般不会把享受美食、旅行玩乐等称为“做事”，因为人们认为那是休闲娱乐活动，状态是轻松、愉悦的。倘若我们顺应道，自然而然地做事，主动发现所做的每件事的美妙，就可以做到“事无事”的境界了。

“味无味”：不刻意追求特殊的味觉刺激，能够品味自然之味。这句话被很多人用于解读养生之道，认为养生之道就是顺应自然的天道。实际上，能够于无刻意添加味道的食物中品出自然之味，是品味饮食的最高境界。只有味无味，才能够去五音、五色的诱惑，毕竟奇是瞬间现象，正才是生活的常态。能够在常态中品出新意，生活才有了生发无限美妙的可能。

为无为、事无事、味无味三者，看起来说的是行动、做事和感觉，实际上三者异名而同出，是一体的。如果能于平常的工作、生活中品味出道，大道相通，就可以将之应用到万事万物中。顺应道的行为，是自然而然的，当然也就不需要刻意去做什么事了。

［第二十品］

价值：物质财富离不开精神财富

“道之出口，淡乎其无味，视之不足见，听之不足闻，用之不足既。”

> 用言语来表述大道，是平淡无味的，道看不见也听不见，用起来却是无穷无尽的。

不少人偏爱物质财富。经常有人说，几十年前的钱好赚啊，那时候做生意像捡钱一样。姑且不论这样的观念正确与否，这个世界上，莫非只有物质财富最重要吗？

视之可见，听之可闻的，叫作物质。美食、美服、美色、美音，都受到人们的无尽青睐。可我们应该意识到，精神财富更有无尽的价值和意义。任何物质财富，只有转化到精神层面，让人感到幸福快乐，才有价值和意义。拥有了精神财富，就更能够品味出物质财富的美妙。

人的行为都离不开认知的指导。人所创造的物质财富，也离不开精神这个永存的因素。

物质财富终究是有限的，要靠无限的道来创造，来守护，来发展。我们不能一味地追求更多的物质，却忘记了一切物质的归路，都在其道。

所以我们要在声色之中细细品味，边享受边感悟。唯有对普遍性、必然性的道有了更好的理解，我们才能更有把握地在声色世界里披荆斩棘，获取长久的幸福。

老子说，“金玉满堂，莫之能守”。为什么守不住满堂的财富？就是因为你的精神财富，也就是智慧不够。

> “夫唯道善贷且成”：大道，善于给予万物，成全万物。老子是在告诫人们，要守道不失，在施惠于万物中成就自己。

最富有的人，守住的是人间的大道，善贷且成的道。这看似平平无奇的道，却是用之无尽的，它潜藏着无限美好的可能，等着你去发现。

[第二十一品]

责任：凭正道做事，对整体负责

人这一生，为了生存而奋斗，为了理想而奋斗，为了爱情、友情、亲情而奋斗。我们感觉着、感悟着，从稚嫩到成熟。我们每天都面临选择。

什么是正？正是不偏不斜，因为偏斜就会出现危害。奢、甚、泰，就是有所偏斜，长久为之都会对整体有害。正除了不偏斜，还要符合人生长久的好，符合你所处的整体的好。

所以我们对家庭，就要以家庭整体的好为目标；我们对事业，就要以事业整体的好为己任。凡不利于整体的，都要去掉。

对社会，也是如此。我们如果想有更大的成功，就要有社会责任感、民族责任感，要时刻想着自己能否为社会做出更好的贡献。

想有多大的成就，就要有多大的担当，就要有多大的心。循人间正道，就是无论你在哪个团体中，都要以对整体利而不害为原则，谋求个人发展。

如果你永远不脱离正道做事，你就是有德之人，可以担当重任，你的智慧也会随之提升。

人生不过百年，人间正道，却亘古不变。唯有从正道，才是对自己和他人最好的选择。否则，我们纵然获得一时的成就，最终也容易爬得越高，摔得越重。

[第二十二品] 追求：尊道重德才是最高境界

“上士闻道，勤而行之；中士闻道，若存若亡；下士闻道，大笑之。”

> 上士听了道的理论，努力去实行；中士听了道的理论，将信将疑；下士听了道的理论，哈哈大笑。

老子认为，人认识道的过程，大致可分为上、中、下三个阶段。

处于不同阶段的人，对人生有不同的品位追求。

下士对品位的追求，多停留在衣食住行层面：吃得香，住得华，穿得漂亮，行得舒服。

中士的品位，在物质的基础上，加入了一些精神方面的追求，他们会追求精致的生活、优雅的举止、诗意的居所。

上士的品位，就更加体现在对精神的追求上，他们对物质的要求很淡然，因为他们更能从平淡中品味幸福，更能从平常中品出真意。

不同的追求，带来的结果也不同。

以声色为重的追求，烦恼最多，“多则惑”。以唯美浪漫为追求的，好奇则过奢。以尊道贵德为追求的，无畏无惧，基本无惑。

那么，你的品位追求属于哪一种呢？

[第二十三品]

奉献：与天下谋幸福，成就更大的事业

每个人可能都渴望自己获得大成就、成为大人物，每个人可能都渴望得到更多的幸福。大成就、大人物、大幸福、大爱，这些能不能一道以贯之？能不能一路奋斗，同时获得成就？

可以的。

每个人都想过更好的生活，能够让自己过得更好的人，如果也能带领更多的人过得更好，他就是众人的榜样和领导者。最伟大的人，就是如此。他们的共同特点是，除了为自己谋求幸福，还惦记着更多人的幸福。他们在解决自己烦恼的时候，也把解决方式教给别人。

真正的成功，是通过为人服务实现的。人指自己，也指他人。修行的路，就是时刻惦记天下人。能够时刻为更多人谋幸福的人，可能成就更大的事业。如果我们是普通人，如果我们想要成为英雄，那么我们就要时刻把他人当作自己来对待。在思考、解决问题的时候，想一想，我能不能为更多的人总结出更好的方式方法。在自己从悲伤无助中走出来之后，想一想，我能不能把我走出来的经验分享给更多的人。在生活、工作中得到快乐之时，想一想，我能不能与大家一起分享这份快乐。

英雄是做到了为更多人而付出的人，成功者是做到了为更多人服务的人。我们要以身为天下，才可能被托付重任。我们要懂得，唯有无私奉献的精神，才是成就自己的方向。

时刻想着爱更多人，才可能发现更好的路，沿着这条路走下去，你就不再是匹夫，你就可能成为英雄。

[第二十四品]

传承：授人以鱼不如授人以渔

“出生入死”是老子关于生死的狭义的界定。这里的出生入死不是形容一个人很勇敢。老子定义生死，以出生为生，入土为死，故称为“出生入死”。这样的生死概念也是我们普通人关于生死的认知。

老子对生死的广义的界定，是有生无死。

老子说“死而不亡者寿”，一个人身体死了，精神没有死亡，不断传承下去，这是真正的长寿。古代先贤都是这样，像老子、孔子等，他们的肉体消亡了，思想、精神却代代传承。

生而为人，我们除了授彼此以鱼，还应该授后代以渔。

这个“渔”就是老子说的道德。道是认清了规律的智慧，德是行善贷且成之为。

人生最有价值的传承物，应该是道德。我们教给孩子的东西，也应该以道德为主。这样的人生，才能生生不息，我们的子孙也能拥有更美好的未来。

[第二十五品]

从容：用清静的心态去做事

出奇不能离开正，那么，如何守住正？

老子说“清静为天下正”，要想守住正，你的状态一定是清静无为的。

这里的清静无为不是不做事，也不是避世，而是让你用清静的心态去面对躁动的世界。外在状态上，你可以安静，可以热烈，但你的内心是清静不乱的。

为什么内心要守住清静的状态呢？

因为只有保持清静，才可不被情绪干扰，更容易透过现象看到本质，就像湖水，唯有平静才可映照其他景物的样子。躁动的心和动荡的水面一样，一个很难看清事物，一个很难映照事物。

古来说“心静自然凉”和“泰山崩于前而色不变”，都是讲一个人内在的安定状态。

“重为轻根，静为嗓君。”要知道事有轻重，做事能够分清轻重才能游刃有余。个人修行，越是面对重要的事情越要心静。

厚重是轻率的根本，静定是躁动的主宰。

用清静的心态去解读一切，更容易发现问题的本质，用清静的心态去做事，更容易应对变幻的局势。

清静为天下正。想要拥有云淡风轻的潇洒，想要理解纷繁复杂的世界，唯有保持清静。

[第二十六品]

荣辱：不以物喜，不以己悲

荣与辱，是相对存在的，两者是相依为命的关系。我们如果想要人生有更多的荣耀和幸福，一定要正视辱和不幸，从中发现和品味荣耀与幸福。

把这个观念用到工作中，就是要能从失败中总结出成功的道，能从不顺利中发现顺利的道。前提是，不讨厌失败和不顺利，如果你真的讨厌它们，你就会排斥、否定、逃避它们，那你将永远走不出它们的阴影。

每个人都想要幸福和成功，而任何幸福和成功，其实都来自不幸和失败的映衬。所以能够受辱者，可得更多的荣耀，能够乐于平常和苦难者，更容易体会到幸福。

从不快乐中发现快乐，从平凡中创造不平凡，是成就智慧人生的必经之路。

[第二十七品]

优雅：处变不惊，适度而行

很多人都喜欢优雅的生活，喜欢优雅的状态，喜欢优雅的人。可什么才是优雅？

老子说："万物负阴而抱阳，冲气以为和。"我觉得优雅就是要冲气以为和，就是要举重若轻。

> 万物背阴而向阳，在阴阳二气的激荡中成为新的和谐体。

我们看一个人是否优雅，其实看的就是这个人的整体气质，而气质源于他应对变化的能力。古人说，做人要修炼到"泰山崩于前而色不变，麋鹿兴于左而目不瞬"的状态。我想那也就是以不变应对万变的坦然吧。

举重若轻，是调和重轻阴阳两极，是去其极端的能力。要想优雅，有一条必经之路——去甚，去奢，去泰。也就是要去掉极端，让自己处于凡事不过度的人生状态。

在工作中，面对大事不慌乱，才能不失理智，从容应对；在交往中不走极端，才能与人长久相处。想言行得体，就要做到优雅从容，不卑不亢，修炼调和轻重缓急的能力。过慢过快，过重过轻，都不如适当，适当才能彰显优雅。

［第二十八品］

德善：让世间充满爱

孔子提倡“以直报怨”：对方是怎样对待我的，我就怎样对待他。老子提倡的是“以德报怨”：无论别人如何对待我，我都要用德来回报他。

南郭先生救了蛇，最终被蛇咬伤。这则寓言教育人们不要盲目善良，要学会区分。区分什么？就是要看你救的对象是否值得被救。这个观点恰恰印证了孔子的观点。

那么，老子的观点不对吗？

我认为，老子的爱，是利于整体的大爱。

在《道德经》第四十九章，老子提出了“德善”的概念：“善者，吾善之；不善者，吾亦善之，德善。”对于善良的人，我善待他；对于不善良的人，我也善待他。这不是普通的“善”，是圣人提倡的“德善”，其结果是人人向善。

因何不分好坏地对所有人都要行善？

审视老子的整个理论体系，你可以很清晰地看到，老子的理念是一脉相承的。圣人没有私心，他把天下当成自己的身体，百姓就是自己的一部分。看到百姓善，圣人自然会开心；看到百姓不善，圣人内心生出浓浓的悲悯，就像父母对待走上歧路的孩子，想的只是如何让孩子回到正路上。有人不善，不是他不好，而是他还不知道向好的路是什么。圣人通过对他行善，让他感知什么才是更好的路，善就自然会在他心间流动起来。所以老子提出“高者抑之，低者举之”“损有余而补不足”“善贷且成”。做得好的人不断把这些好分享给别人，让更多的人越来越好，这才是天之道。

“德善”成就了这个世间爱的流动，让社会越来越好。

[第二十九品]

修己：研习《道德经》的好处

道者万物之奥，善人之宝，不善人之所保。美言可以市，尊行可以加人。人之不善，何弃之有！故立天子，置三公，虽有拱璧以先驷马，不如坐进此道。古之所以贵此道者何？不曰以求得，有罪以免邪？故为天下贵。

——《道德经》第六十二章

“道者万物之奥，善人之宝，不善人之所保。”天地之间无尽的奥妙都源于道。擅长此道的人，把它当作珍宝，每天研究它，让自己行于此道。不擅长此道的人，道也会庇护他。例如婴儿不懂道，道也会庇护他，让他生存下来。道让一切生生不息。

“美言可以市，尊行可以加人。人之不善，何弃之有！”美好的言辞可以让别人尊重你，美好的行为可以让人愿意跟随你。如果一个人既没有美好的言语，又没有美好的行为，那他还有什么可以放弃的呢？他之所以痛苦、煎熬，就是因为他不懂此道呀。有些人看似什么都不在乎，玩世不恭，这样的人是得不到长久的幸福快乐的。

“故立天子，置三公，虽有拱璧以先驷马，不如坐进此道。古之所以贵此道者何？不曰以求得，有罪以免邪？故为天下贵。”所以在天子即位，设置三公（太师、太傅、太保）的时候，虽然有献礼仪式，但如果天子不了解万事万物的道，迟早会失去这些外在的名利宝物，不如先让自己悟道，让行为处事从于道。这就是自古人们看重道的原因。你了解它会更幸福，你不了解它也会得到它的庇护。古往今来，贵重此道的人往往能够建功立业，造福自己和他人。他们贵道，是因为他们知道天下什么是最珍贵的。

站在道的角度，如果把人分为有智慧的人和没有智慧的人，那么，善为此道的人就是有智慧的人，不善此道的人就是没有智慧的人。

一个人哪怕没有大智慧，也会受到道的爱护，但因为他不能认识到长久之道，很难从整体和长远角度把握自己和他人，也就不适合做管理者。所以老子以古代的天子为例，就算天子做到了最高统治者，如果他不能了解一切的根本，还不如先学道悟道。因为一个人不懂大道，他站得越高，可能摔得越重。一个懂道的人，知道善贷且成，对人长而不宰、利而不害，才会成就整体长久的美好。

［第三十品］

道德：万物规律为道，善贷且成为德

几乎每个时代都提倡道德，而此时代之道德又与彼时代之道德不完全相同。

我们今天日常所言的道德，主要来自孔子对道德的解读，还有他的弟子对道德观念的理解和改进。

道德观，和世界观、人生观、价值观一样，与个人认知有着必然性的联系。一千个人虽然有一千种道德观，但在同一时代，不同人的道德观又是求同存异的。

比如，一个成年人与小孩一般见识，出手打了小孩子，全民皆会愤袖出臂。在这样的事件里，成年人明显是以强凌弱，所以必遭道德批判。《道德经》里说，“强梁者不得其死”，所以强者要“损有余而补不足”。作为强者，你不爱护弱者也就罢了，你如果再欺负他，必触众怒。

而有些道德标准，却不能合于人性长久追求的方向，比如臣子就要忠于君主，儿子就要听从父亲，女人就要臣服于男人，这些都是古代的道德标准。这样的道德标准，在当时确实可以起到稳定社会结构的作用，但由于它的本质是让一方无条件臣服于另一方，所以不能长久有效。到了今天，男尊女卑、愚忠等思想，早已被我们抛弃。

在老子的道德观中，道是世界与人心共同的总规律，德是顺应善贷且成之道而行。

其实最好的道德标准没有那么复杂，个体对别人要遵循“善贷且成”的原则，个体对于自己所在的整体要遵从不以其私成其私的原则，也就是我为人人，便是人人为我。如果你是管理者，那么你还要遵从“损有余而补不足”的原则，才能更有德。

知道了何谓道德，如果要真正自如地运用，还要勤而行之，为学日益。

[第三十一品]

永恒：顺应规律，才能长久

致虚极，守静笃，万物并作，吾以观复。夫物芸芸，各复归其根。归根曰静，是谓复命。复命曰常，知常曰明，不知常，妄作，凶。知常容，容乃公，公乃王，王乃天，天乃道，道乃久。没身不殆。

——《道德经》第十六章

“独立不改，周行而不殆。”老子说，道的特点是不靠外力而独立长存，永不停息，循环运行，永不衰竭。

在《道德经》第十六章中，老子告诉我们，万事万物纷纷芸芸，各自返回它们的本根，这是自然规律。认识了自然规律，就能聪明行事，不识自然规律，往往会轻举妄动而出乱子。人的思想、言行只有符合自然的道，才能长久，人才终身不会遭到危险。

所以，道是永恒的，我们依道而行，也才会长久。

第三十二品 认知：触类旁通，把握规律

一切自有其根本规律。老子说万物无不尊道而贵德。道，就是规律；德，就是德行。那么人呢？当然也是遵从于道的。但是人在认知道的过程中，会生出片面和错误的理解。所以，虽然一切皆有道，但我们要正确认知它，却要经历漫漫长路。

同时，我们也应该明白，在一事一物之中，我们是可以通过感悟而悟道的。所以有智慧的人，可以做到不见而明。而这样的能力，其实我们每个人身上都有一些。比如，一个孩子见过了一匹马，再看到其他种类的马时，他虽然分不清马的种类，但也知道这是一匹马。

老子说“不窥牖，见天道”，就是在说，我们如果想了解世界，可以通过对局部的观察和总结，达成对整体的认知和理解。

老子说“其出弥远，其知弥少”，指的就是，如果你只顾着跑来跑去看世界，那其实是走马观花，会让你错过对世界根本的认知。

不是说你看风景不对，但如果你要求真知，就不能只是跑来跑去看风景。当然，如果你在看风景的同时，也可以观察到普遍性、必然性的规律，那么你就合于老子的“万物并作，吾以观复”了。

所以，如果你想更好地认知这个世界，你可以通过对身边事物的观察与思考来触类旁通，获得启迪。

「贰」

领导的气场

执大象，天下往；往而不害，安平太。
是以圣人处无为之事，行不言之教。
为之于未有，治之于未乱。

[第三十三品]
管理者为什么要读《道德经》

古之有道之人治理国家会怎么样呢?

老子说“执大象，天下往”，统治者用道来治理国家，天下人都会来投靠他。

“往而不害，安平太”，人们来投靠他的时候，他不伤害人们，大家就能够安定下来，安享平静和太平的日子。

所以，“执大象，天下往；往而不害，安平太”成为一个国家治理得好的标志，它彰示着万众归心、万法归一的太平盛世。

顺其大道虽然美好，可道又不能像音乐与美食那样，让人念念不忘。因为“道之出口，淡乎其无味，视之不足见，听之不足闻”，如此有用的道，当你张口形容它的时候，它是平淡而无味的，你看也看不见它，听也听不到它。

但是，尽管你看不见、听不到它，只要你用它，它就会有无穷无尽的妙用，是谓“用之不足既”。

看到这里，你有什么感觉呢？

老子仿佛跟我们卖了一个关子：先告诉我们，如果掌握了道，统治者就可以做到万众归心的地步，可以拥有盛世太平，这么好的道，我们一定想知道是什么。

他故作神秘地说：道呀，说起来平淡无味了，而且你也看不到、听不见它，不过，它特别有用！

如此，再次引起了我们的好奇心，这么好的道，一定要明白它到底是什么！

其实，老子所言的“道”，就是于平实中见真知，于万物中见真理。当你懂它的时候，它无处不在，一花、一草、一鸟、一虫，处处皆可见到；当你不懂它时，它看不见、摸不着、说不清，让你丈二和尚摸不着头脑。

好在，学习悟道，是有一个过程的。你可以用心学习，为学日益，为道日损，最终开悟。

[第三十四品] 真正的领导力在于知强守弱

老子说："我有三宝，持而保之。"初读《道德经》的人会特别好奇老子的三宝是什么，但老子没在《道德经》的开篇说，他把这三宝藏在了《道德经》的第六十七章，倘若你没有耐心读到这里，你甚至根本不会发现他对自己理念的提纯。这很像唐僧的西天取经，不经历一路的磨难，即使取到真经，你也不懂。大道相通，懂道的老子自然不会白白浪费自己的三宝。只要你一路踏踏实实学过来，悟过来，即使老子自己不总结，你也会有关于这三宝的认知。

那么，这三宝是什么呢？"一曰慈，二曰俭，三曰不敢为天下先。"

“一曰慈”：慈是慈悲、仁爱、柔慈。三宝中，老子把慈放在了第一位。唯有内心慈爱的人才会爱他人，带有内心慈爱的人才是勇敢、有担当而不追求暴力的人。好比习近平主席提出的“人类命运共同体”，唯有对人类有大慈悲，才会有大关爱，才会有大担当，才会成就大事业。

“二曰俭”：俭是简朴，不奢侈。领导者唯有简朴，不追求奢侈，才不会过于关注私利。如果领导者追求奢侈，会横征暴敛，穷奢极欲，导致不好的结果。唯有俭才能德广，当自己俭朴时，你才有精力和财力“损有余而补不足”，才会有人愿意追随你。

“三曰不敢为天下先”：这句话不是说消极做事不努力，而是指不要忘记全体，只片面追求领先。先后本是相对概念，没有后何来先？做人不要片面追求自己的利益，处处争先好胜。一个处处只顾自己争先的人，很难让别人追随他。在这里，“天下”指的是整体，领导者不要割裂整体，只关注局部领先，要关注整体发展。为了整体做出自己的贡献，从长远看，也有助于实现自己长久的发展。

所以，慈是目的——不要过于刚强，以达成整体的美好；俭是方法——不要奢侈，要损有余而补不足；不敢为天下先是心态——不要争先，要爱其后而成其先。三宝融合起来，就是懂得示弱，这也是行人间正道的基础和根本。

[第三十五品]

得意时不炫耀，为主时不苛刻

“其政闷闷，其民淳淳；其政察察，其民缺缺。”《道德经》第五十八章开篇，讲了为政的两种对比状态：一种是看起来混沌的状态，老百姓却淳朴、纯正；另一种是为政过于苛求，事事都要明察，反而会引起老百姓的抱怨不满。老子提出这种为政观点，是让管理者刻意行大道混同之德。为何治理反而应该去管理？因为被管理者本身，是向往自在的，也就是说，最好的管理，是顺应人的自在，让人达到自为。

自为，自发欣然而为，便是无为。所以通读整部《道德经》，这两句话讲为政，语意更契合第五十七章的“以正治国”。其中的“正”就是正道，最自然的正道，这是管理者应该永远追寻的道。

“祸兮福之所倚，福兮祸之所伏。”这两句讲福和祸的相互转化关系，祸里包含着福，福里也潜伏着祸。塞翁失马的故事，体现的就是这两句话的核心含义。西方哲学认为这是辩证法，其实这更是老子整体观的呈现。福祸和善恶等一样，都是认知中的对比概念。在不同的时间、不同的环境、不同的人眼中，福祸的定义不完全一样，它们是可以相互转化的，所以不要困于当下的境遇，要把握发展规律，追求长久之道。

“孰知其极？其无正？正复为奇，善复为妖。人之迷，其日固久。”谁能知道它的极点呢？没有绝对的福与祸，认为福或者祸是绝对的，都是不符合道的想法。正可以为奇，善可以为恶。人的迷惑，由来已久。人为何由来已久地陷于迷惑之中呢？因为人做事往往追求极至的状态，这种追求本身就是不符合道的。

“是以圣人方而不割，廉而不刿，直而不肆，光而不耀。”这句话讲了圣人的认知和为人处世之道。圣人处世，因知道整体和部分的边界，所以不会割裂整体而求其中某一个部分。圣人做人，为人正直，懂得把握分寸，不肆意妄为。即使有才能也不刻意彰显，而是言行低调，收敛锋芒。光而不耀是圣人为人处世的总原则。

【第三十六品】

管理者和员工是相互成就的

天下皆知美之为美，斯恶已；皆知善之为善，斯不善已。故有无相生，难易相成，长短相较，高下相倾，音声相和，前后相随。是以圣人处无为之事，行不言之教，万物作焉而不辞，生而不有，为而不恃，功成而弗居。夫唯弗居，是以不去。

——《道德经》第二章

“天下皆知美之为，斯恶已；皆知善之为善，斯不善已。”老子在这一章的开篇，就用人们认知中最常见的美丑、善恶做了对比，指出美和善都是相对的概念，都在非美和非善中产生。美之所以为美，是因为有丑的存在；善之所以为善，是因为有恶的存在：它们相伴相生。

接下来，老子用六对相对的概念诠释了认知的整体性。

“有无相生”：有和无相生。所有的有都从无中来。所谓的“无”不是没有，而是没有被发现的有。当发现了，无消失，有出现，所以有无相生。

“难易相成”：难和易是比较中产生的概念。“会者不难，难者不会”，指的就是这组对比概念。管理者在管理中遇到的难题，可能在别人眼里就是一件小事，这个时候请教懂的人，你的难立刻就会变成易。同理，管理者以为很容易的事，对于一个新员工而言可能感觉难于上青天，这个时候，管理者也不要骄傲，要好好培养你的员工，让他的难变成他的易。如此，员工成长，企业获益。

“长短相较，高下相倾”：长短和高下也都是比较中产生的概念。衡量同一个事物，换一个对比物，结果可能就不同。好比在企业中，有人对某个领域研究得比较深，别人对该领域不擅长，那这个人就是专家，倘若企业引入专业人士，那么很有可能这个人就不是企业中最懂这个领域的人了。基于这一点，管理者不要自以为高，正是因为其他人在某些方面不如你高才衬托出你的高，才成就你的高职、高位和高薪，所以管理者要去骄，要善待所有你手下的人，要明白，没有他们也就没有你的高。

“音声相和，前后相随”：管理者明白了长短相较、高下相倾的道理，才会达到和员工之间音声相和的和谐状态。在这样的环境下，员工才愿意跟随管理者，前后相随的画面才会出现，企业才会发展长久。

“是以圣人处无为之事，行不言之教。”懂得上面的这些道理，管理者不需要过于刻意地做事，也不需要刻意说教，员工自然有成长，企业自然有发展。管理者不是不做事，而是顺应道地做管理。不做割裂整体的事情，就不会产生各种对立、冲突，以至于要用无穷无尽的管理规则、制度来约束员工了。

“万物作焉而不辞，生而不有，为而不恃，功成而弗居。夫唯弗居，是以不去。”建立了整体观的管理者，会让团队发展而不刻意以自己为始，不把团队据为己有，做事而不自恃，有功劳也不归己。因为不居功，明白所有的一切都是自然达成的，所以无所谓失去，反而能成就一番事业。

［第三十七品］

如何做到无为而治

一粒种子还没有发芽，它的内部就有了生长开花结果的道。

我们做事业，也应效仿种子之道，在事业还没有落地生根之时，就构画出其基本蓝图。

一粒种子落在没有水的地方，尽管它内部拥有长成参天大树的道，但它多半长不成大树。所以，我们做事业，要取法于地，对具体的市场进行深入研究，还要取法于天，对未来形势的发展做出判断，更要搞明白，这项事业合不合于人间正道，是不是能为更多人提供好的服务。而让事业落地时，要秉持自然无为的原则，因为不能自然而然地经营的事业、需要你不断刻意而强为的事业，它的运营成本很高。

想做到“为之于未有，治之于未乱”，一定要做到“人法地，地法天，天法道，道法自然”，才能未雨绸缪，实现运筹帷幄之中，决胜千里之外。

做事，要在事情尚未发生之时就着手；治国，要在祸乱没有产生之时就做好应对准备。

[第三十八品]

位尊时不狂妄，位卑时不自惭

宠辱若惊，贵大患若身。何谓宠辱若惊？宠，为下得之若惊，失之若惊，是谓宠辱若惊。何谓贵大患若身？吾所以有大患者，为吾有身，及吾无身，吾有何患！故贵以身为天下，若可寄天下；爱以身为天下，若可托天下。

——《道德经》第十三章

人为什么会宠辱若惊？缘于对宠辱的认知。

得到比预期的更高的东西，认为其是宠。这样的宠里有更高的权力、利益，因为害怕会失去，所以宠会惊。

得到比预期的更低的东西，认为其是辱，感觉自己的权力、利益受损。因为不想承受这样的状态，所以辱会惊。

老子说“贵大患若身”，意思是我们要如重视自身生命一样重视大患，人之所以有大患，是因为人有身体；如果人没有身体，那还会有什么祸患呢？

从这里，我们也能看出老子的宠辱观——

宠：是你承担了更多的责任，要为更多人服务；

辱：是你减少了责任，服务的人群减小。

面对荣辱，如果你不看重个人利益，还有什么值得你害怕惊讶的呢？

对于你个人的利益而言，宠辱没有分别，有差别的不过是你承担责任的多少和服务范畴的大小而已。

升职，是要服务更多人，你身负的责任也会加大；降级，你要服务的人变少了，或者干脆就是你自我修身了，你也同样可以心怀天下，又何辱之有呢？如果你心怀这样的理念，那你就不会因为觉得自己占了便宜而过喜，也不会因为觉得自己吃了大亏而过于绝望。

无论是身处宠或辱，你都应该能够为更多人着想。你是部门经理，就把一个部门的人都当成自己；你是企业老板，就把企业的全体员工都当成自己；你是省长，就把全省百姓都当成自己……

身处高位，没有增加自身的利益，只是更好地服务更多人，这种能够以天下为己任的人，才可以将天下托付于他，因为他有爱天下的心。能够不看重个人利益，主动承担更大的责任，这样的人，就可以做到宠辱不惊。

[第三十九品]

成大事者懂得合作之道

载营魄抱一，能无离乎？
专气致柔，能婴儿乎？
涤除玄览，能无疵乎？
爱民治国，能无知乎？
天门开阖，能无雌乎？
明白四达，能无为乎？
生之、畜之，生而不有，为而不恃，长而不宰，是谓玄德。

——《道德经》第十章

老子用六问提出了一个人修行的方向。

一问：一个人可以身心合一吗？

二问：一个人可以用像婴儿一样纯真的状态做事吗？

三问：一个人能够去伪存真，不留瑕疵吗？

四问：一个人可以自然而然地做出治国爱民的行为吗？

五问：一个人在面临大事时也能静如处子吗？

六问：一个人可以摒除伪智，拥有真知灼见吗？

他给出了答案：玄妙的德生长、养育了万物，并不将之据为己有，不居功自恃，不主宰它们。玄妙的德可以跟你一起，让你自然而然地达成你想要的状态。

回头来看，老子的六问本身就给出了修行的方向。人可以不用刻意而为，自然而然就可以达成你想要的目标。

一个人可以获得的最大成就，不是自己一个人去完成的，而是与更多人一起完成的。

天下是人人之天下。成大事者，是懂得与人合作之道的人。

用真去待人，以彼此自在的方式共赢，应该是我们每个人都修而行之的理念。

[第四十品]

要把握企业发展的规律

“道常无为而无不为”，出自《道德经》第三十七章。

老子说有无相生，难易相成。一个管理者，要对最难的事务负责。这个世界上最难理解的是无限，也就是老子说的无。对于企业而言，无限即发展。一家企业，如果没有一个能够把握发展规律的领导，就不可能很好地应对风险，不可能有长远的发展。管理者的核心任务，不是负责特别具体的工作，而是负责对全局资源的整合，对所有具体有为者的管理。也就是说，管理者只负责对整体有为的把握和引导，而不做具体有为的工作。不代鸟飞，不代兽走。通过认知规律来引导所有人的作为，叫作“以无事取天下”，叫作“无为无不为”。

任何一家成功的企业，都需要有一个人，在企业当下的事务之上做长远的谋划。

管理者不能忘记的道是自然之道。无为自然，是老子的理念。因为只有让每个人的自在自为得到解放，才能更有利于整体的发展。

所以管理者应该经常感悟有限之外的无限可能，做到“为之于未有，治之于未乱”，经常深入体察万事万物，总结人生和企业的通达之道，更好地把握企业的发展规律。

〔第四十一品〕管理者应着眼于大局

老子的无为，不是没有作为，而是基于整体，做无限可能之为。

> 治理国家的人，要以不骚扰人民为治国之本，如果经常以繁苛之政扰害民众，那就不配治理国家了。

他说“取天下常以无事，及其有事，不足以取天下”，这句话用在管理中，说的是管理者不要无故生事，所有的管理行为都应基于整体的长久利益，如果不符合整体长久利益，无为胜过有为。

有一则德国人种树的故事，很浅显，但足以给出警示。

三个德国人种树，一个人负责挖坑，一个人负责放树苗，一个人负责填土。三个人配合良久，各自习惯了自己的工作。有一天，一个路人看到一个人在挖坑，一个人在填土，感到很奇怪，问他们在做什么。原来负责放树苗的人没来，那两个人习惯性地按照各自的分工工作，没有感觉到有什么不对。

所谓当局者迷，旁观者清，我们在日常管理中何尝不是这样？像上文中的所作所为，浪费了人力物力，还不如无为。

那么，管理者要做的是什么？

不要被日常的管理工作束缚住，要基于组织的整体、长久利益，去主动发现可以让你的组织更好地发展的方面。战略规划、文化建设、组织发展、人才培养，这些管理行为看起来与当下的收益没有直接关联，但恰恰是管理者要重点关注的部分。管理者不囿于固有的有为，能够跳脱出来，站在更高处，多做无为之事，组织的发展才会更好。

[第四十二品] 成大事者的四不原则

但凡在某个领域有所成就的人，其周围的赞誉之声会越来越多，其可掌控的范围会越来越大，可调动的资源也会越来越多。越是在这种时候，越要有所为有所不为。

小小的成功，运用小小的智慧就可以达成；想要成就更大的事业，就要有更大的智慧。四不原则就是这样的大智慧。

1. 不固执己见

有所成就的人更容易陷入自我成功的经验中，容易固执己见。而社会是不断发展的，外界情况也在不断变化，每个人都会有自己的局限性，要想有更大的发展，一定要做到兼听则明。而能够听到不同的声音，首先需要你不固执于自己的观点。

2. 不自以为是

自以为是的人像注满水的水杯，如果自己不倒空，有再好的机会也和已无关了。所谓“洼则盈”，你得放低自己，留出空间，才会有更多的机会来到你的身边。不然，你当下的职位也就是你的天花板，很难突破了。

3. 不自我显耀

中国的传统文化提倡谦逊，提倡做好事不留名的上德之行。一个处处喜欢彰显自己、到处炫耀的人，是不被传统文化推崇的。想成就大事业，就要有大格局，不把目光放在过去的荣誉、成就上，这样才会有更好的未来。

4. 不故作矜持

一般成功的人会带样儿，说话做事想着要匹配自己的身份地位，久而久之就很难自在。故作矜持的人让人感觉不真诚，不光让别人觉得不舒服，自己也会觉得不自在，这样的矜持反而让你活得太累，阻碍了你的发展。越是能收获大成功的人，越有真性情，他们善于洞察世事，又有赤子情怀。

欲成大事者，一定要以善贷且成为原则，不断地维护团队利益，以团队的好为己任，又要做到功成而不居功，不自以为是，不自我夸耀，这样才能渐渐走出自己的成功之路。

[第四十三品] 善于运用一枚硬币的两个方面

相反相成是道的运行规律之一，指的是相反的事物会互相成就整体的统一，它和哲学中的对立统一相似。相反相成的根源在于世界本是一个整体，认知的需要把整体分成了相对立的概念，例如高低、大小、善恶、难易、前后、好坏等。想要回归对整体的认知，一定要对其相反的两个方面进行综合考虑。例如，因为有恶的存在才彰显了善；一个人有不幸福的体验，才能体会到幸福的感觉。

如何运用相反相成的规律呢?

1. 建立整体认知

常人可能会想，我端水就一次端满，我怀揣着越锐利的东西越厉害，金玉满堂多好呀，人富贵了难免奢侈……这些都是单方面的认知。老子提醒我们：一个人端着装水过满的容器，走路不能够自由自在；一个人怀里揣着过于锐利的东西，容易伤人伤己；满堂金玉虽好，要长久守住却很难；一个人如果富贵了又骄奢，会深受其害。

他让我们全面地看待我们的利害得失。

> 持而盈之，不如其已。
> 揣而棁之，不可长保。
> 金玉满堂，莫之能守。
> 富贵而骄，自遗其咎。

2. 主动运用相反相成

老子不是不让我们做事，也不是不让我们追求更好，而是让我们认识道相反相成的规律，主动去运用相反相成。

端着装水过满的容器不容易走好路，就不端过满的水，或者找个更大的容器，水自然不会过满。

锐利的东西容易伤人，聪明优秀的人要善用它来服务人，而不是伤害人。

金玉终究是身外之物，也难长久拥有，倒不如学学比尔·盖茨，多做慈善，损有余而补不足。

富和贵，两者不要同求，同求就容易滋生骄奢。所以管理者要懂得权钱分离的道理，不要滋生特权，不能以权谋私。

总结来看，如果你能从整体层面上去认知事物，你就会懂得相反相成的运行规律，就不会因为片面认知造成各种伤害。你会主动运用相反相成，就能成就对整体的好和长久的好。

[第四十四品]

企业家要无私，企业才能发展

大道泛兮，其可左右。万物恃之而生而不辞，功成不名有，衣养万物而不为主。常无欲，可名于小；万物归焉而不为主，可名为大。以其终不自为大，故能成其大。

——《道德经》第三十四章

这一章，集中论述了一个人想要获得大的成功，靠的是什么。

一个只追求一己私利的人，很难长久地得到利益；一个只为了自己的功名去做事的人，也成就不了大的功名。真正的成功，靠的是对道的理解和把握。

“大道泛兮，其可左右。”大道如此广泛，上下左右无所不及。它怎么会如此强大呢？

“万物恃之而生而不辞，功成不名有，衣养万物而不为主。”万物依赖道生长，道不推辞；完成了功业，建立了事业，道也不占有功名；道养育了万物却不自以为主。也就是说，道促成了一切，又不据为己有。

“常无欲，可名于小；万物归焉而不为主，可名为大。”道不图回报，不求功名利禄，它的欲望可谓很小。万物都归附于道，而道并不求做主人，它的德可谓大。

“以其终不自为大，故能成其大。”道终日都不追求自己的大，所以能够成就自己的大。

老子总结提炼了道的规律，成就道永恒存在的恰恰是它不求自己的大。

做人也一样。

小到组织，大到国家，我们都是整体中的一员，都在道的规律中存活。天之道是损有余而补不足，所以有余的人多扶持不足的人，这叫“高者抑之，下者举之”。这样对他人利而不害的人，一定会被别人推选出来，因为这是对整体最好的选择。有德的人影响力越大，让整体越好，自己才会更好。所以，做人要以爱别人来成就爱自己。无私的人，往往才能得到更多。

射箭时，弦拉高了，就放低一些；拉低了，就举高一些。

[第四十五品]

管理者的核心素养

古之善为士者，微妙玄通，深不可识。夫唯不可识，故强为之容。豫焉若冬涉川，犹兮若畏四邻，俨兮其若容，涣兮若冰之将释，敦兮其若朴，旷兮其若谷，混兮其若浊。

孰能浊以静之徐清？孰能安以久动之徐生？保此道者不欲盈，夫唯不盈，故能蔽不新成。

——《道德经》第十五章

管理者并不是天生就是管理者，他们往往是因为在某个方面做得比较突出，而被提拔上来的。

当成为一名管理者之后，你要知道带好团队和做好自己是两种能力。好的管理者对管理驾轻就熟，会带领团队走向更好；不称职的管理者往往把团队带得一塌糊涂，使团队成员怨声载道，自己做不出组织要求的绩效还累得焦头烂额。

那么，一名好的管理者，其核心素养是什么呢？

老子在《道德经》第十五章给出了答案。

他说擅于做管理的人，其思想、言行都是很微妙通达、深刻玄远的，一般人很难理解他们。如果试着解释一下，他们往往具备以下几个特征。

1. 谨慎做事

“豫焉若冬涉川”，指的是做事小心谨慎的状态，就好像冬天踩着冰过河。他们对每项工作都能够谨慎对待，不轻敌、不冒进，一步一个脚印，踏踏实实地做好。

2. 认真做人

“犹兮若畏四邻”，指做人认真，警觉戒备，不落人口舌。

3. 遵从社会规范

“俨兮其若容”，指的是做事知道进退，能够把握分寸，这一点尤其有社会性的借鉴意义。一个人要懂得入乡随俗，进入一个新环境，只有遵循其规范，才能够真正跟这个环境融合，才有可能发挥作用。现代人喜欢讲究个性，用个性不断挑战已有的规范，让环境来适应自己，结果这样的人很难融入团队，留下来都是难题，更何谈管理变革。

4. 善于思考

“涣兮若冰之将释”，指的是一个有更高追求的管理者，不要每天都陷在具体事务中，让自己忙得没有时间去思考更长远的问题。管理者需要适度跳出当下，外出进修学习，不断地发现问题和感悟工作，思考的范畴不光务实，也要适度务虚，虚实结合，才能带给团队更多的可能性。

5. 真诚不装

“敦兮其若朴”，指管理者要真诚，能够像原木一样敦厚朴实，真实呈现，这样才活得踏实自在；不要整天装着，让自己累，别人也累。

6. 虚怀若谷

“旷兮其若谷”，指管理者要旷远豁达，其胸怀越广、格局越大，越利于管理目标的达成。

7. 小事不较真

“混兮其若浊”，指管理者做事的智慧，对小事不较真，把重点放在大事上。把小事授权给属下，让其有发挥能力的空间，适度允许其在成长过程中偶尔犯个错误。这样看起来糊涂不清明，实则有大智若愚的大智慧。

8. 冷静处事，坚定前行

“熟能浊以静之徐清？熟能安以久动之徐生？”谁能把混乱的情况有条有理地逐一解决？谁能在大家安于现状的时候继续前行？有大智慧的管理者。遇到问题时，往往当局者迷。管理者应镇定沉着，跳出当下，从混乱中找到头绪。在企业发展得还不错时，管理者不能苟安，要把握时机，更上层楼，让企业焕发持续的生机。

9. 不骄傲自满

“保此道者不欲盈，夫唯不盈，故能蔽不新成。”管理者不要过于追求盈满。每天都有新的情况发生，管理行为也需要不断更新，否定之否定是管理的常态，恰恰因为不自满，才有了无限进步的可能。

以上九个方面，既是管理者的核心素养，也是为人处世的修行维度。管理者做到了这九个方面，不仅会成为一名出色的管理者，也会成为一名有德之人。

［第四十六品］

得荣光时要谦恭，受误解时要隐忍

天下莫柔弱于水，而攻坚强者莫之能胜，其无以易之。弱之胜强，柔之胜刚，天下莫不知，莫能行。是以圣人云，受国之垢，是谓社稷主；受国不祥，是为天下王。正言若反。

——《道德经》第七十八章

普天下再没有什么东西比水更柔弱了，而攻坚克强却没有什么东西可以胜过水，因为它的特性符合道。

弱胜过强，柔胜过刚，这个规律在某个时间点上看起来似乎不成立，但是放到历史长河里，强硬的东西容易僵化，柔弱的东西如滴水，如果坚持，日久天长，自然可以穿石。

这样的道理普天下没有人不知道，但是能实行的人很少，这是为什么呢？因为人很难以长远的眼光看待当下的境遇，很难从整体的角度看待局部的事情。所以圣人这样说："能承担全国的屈辱，才能成为国家的君主，能承担全国的祸灾，才能成为天下的君王。"好像正面的话在反说一样。

天下人都追求荣光，但居于高位者，追求的不应是当下的荣光，而是长久之道，是整体的好。所以他不会过于在意一时得失，能够阶段性地忍受人们对他的误解，不争人们对他的赞誉。越是地位高的人，面对的群体越大。越大的群体，其成员的诉求越多样化，你做一个决定，有某些人不理解，是正常的，有某些人抨击你，也是能够理解的。你要的是整体的好，无论是赞同你的人还是反对你的人，都是你所处整体中的一部分，你能够包容一切，承受一切，才能领导这个整体。

柔弱与坚强是同出而异名的概念，没有坚强的对比，就没有柔弱的呈现。所以，在你想要强的时候不能忘记，实现强，最好要用柔软的方式。

[第四十七品]

有权不滥权，有功不邀功

天之道，其犹张弓欤！高者抑之，下者举之；有余者损之，不足者补之。天之道，损有余而补不足。人之道则不然，损不足以奉有余。孰能有余以奉天下？唯有道者。是以圣人为而不恃，功成而不处，其不欲见贤。

——《道德经》第七十七章

天之道，不是很像拉弓射箭吗？弦拉高了就把它压低一些，低了就把它举高一些，拉得过满了就把它放松一些，拉得不足了就给它补充一些。自然的规律，是减少有余的补给不足的。可社会的法则却是，减少不足的，来奉献给有余的。那么，谁能够用自己有余的，补天下人的不足呢？只有得道的人才可以做到。因此，圣人有所作为而不占有其成果，有所成就而不居功，他是不愿意显示自己的贤能的。

管理者也应该像圣人那样，有才能却不过分彰显，有功劳却不占为自有，这样才符合整体和谐发展的道。

[第四十八品]

权威面对挑战，管理者如何自处

民不畏威，则大威至。无狎其所居，无厌其所生。夫唯不厌，是以不厌。是以圣人自知，不自见；自爱，不自贵。故去彼取此。

——《道德经》第七十二章

老百姓连统治者的威压都不害怕了，这是对统治者最大的威胁。老百姓为什么会不畏惧统治者的威压？因为统治者让老百姓无法安居乐业，无法谋生。老百姓对自己的生计乃至生命都不看重了，他们还有什么可以畏惧的呢？

统治者只有不压迫老百姓，才不会被老百姓厌恶。统治者可以学习圣人的做法，“自知，不自见；自爱，不自贵”。圣人有自知之明，不会执着于表现自我，他会从整体考虑，从长远考虑，不会固执己见。他会爱惜自己，也爱惜他人，不自贱也不自贵，不会见到权势就趋炎附势，也不会把自己看得过高，目中无人，他会平等地对待每个人。

有道之人能够做到这些时，就会避免祸患的发生，因为他可以全面地了解情况，会站在整体的角度考虑问题。所以圣人会舍去自见、自贵，保持自知、自爱，这对管理者有很大的借鉴意义。

做事要把握度，不要割裂自己与整体，要善待所有人，不要把对方逼到不得不反抗你的地步，否则，一旦危害出现，想要挽救都很难。

不高高在上，不把自己定义为强者，才能做好管理。不自以为是，才能与人为善。这是做人做事最好的品德。失去了这样的品德，就会失去天下。

[第四十九品]

如何做一个好领导

江海所以能为百谷王者，以其善下之，故能为百谷王。是以欲上民，必以言下之；欲先民，必以身后之。是以圣人处上而民不重，处前而民不害，是以天下乐推而不厌。以其不争，故天下莫能与之争。

——《道德经》第六十六章

江海之所以能成百川汇聚的地方，是因为它能够让自己处于低下的位置，所以它能够成为百川之王。领导者如果想要领导人民，必须对人民言辞谦下，必须把自己的利益放在人民利益之后。所以圣人虽然地位居于人民之上，而人民并不感觉负担沉重；居于人民之前，人民并不感到深受其害。天下人都乐于推举他，而不感觉厌倦。因为他不与人相争，所以天下没有人可以与他相争。而长久地看，你越是不争，天下人越想让你得到。你越是不求，天下人越想让你拥有。这是不求而得，因为别人真心愿意给你的，才是你最该得到的。

在这一章中，老子用自然界的现象来说明如何做好一个领导。

江海能成为百川之王，因为江海把自己放在最低的地方。一个领导者，要想得民心，让人愿意跟随你，就一定要把自己放在下位。领导者不是高高在上的人，而是能够服务更多人的人。一个人服务到的人越多，能承担的责任也就越多，因为德配其位，他就可以居于更高的位置。

面对长远利益和整体利益时，能够把自身利益置于别人的利益之后而不是之前，才能得到更多人的追随。

百谷王的荣誉，不是争来的。如果一个人能服务更多人，成就更多人，给更多人带来益处，这荣誉就会不求自来。

这样的人，越是不争，越会得到；越是不求，越会拥有。而且这样得到和拥有的东西，是别人真心愿意让你拥有的，所以是长久的。

[第五十品]

领导的境界在于无为

为无为，事无事，味无味。大小多少，报怨以德。图难于其易，为大于其细。天下难事必作于易，天下大事必作于细，是以圣人终不为大，故能成其大。夫轻诺必寡信，多易必多难，是以圣人犹难之。故终无难矣。

——《道德经》第六十三章

老子在《道德经》中多次提及“为”与“无为”。老子的“无为”不是不作为，而是顺其自然地作为并发现“为”中的无限性。

我认为“为无为”，主要包含两重含义。

1. 作为符合自然而然是最好的

“为”的目的是达到“无为”。此无为之为，是不割裂人性而为，是自然而然地为。“为”一定要朝着自在的方向去做。

2. 无为包含无限

任何一种单方面的“为”，都是为了实现整体的“为”。

吃饭是一种行为。很多人认为吃饭仅是为了吃饱，其实吃饭还可以达到无限的“为”，吃饭也可以为了更好地睡觉、工作。只有看到长久，才能够把握当下的“为”。

老子说“有之以为利，无之以为用”。为无为，就是要将有限合于无限，让有为产生最大、最久的效用。

> 器物因为有看得见、摸得着的形体，才给人带来使用上的便利；因为其中空，有空间，才能使其功用得以发挥。

[第五十一品]

治大国若烹小鲜

治大国若烹小鲜。以道莅天下，其鬼不神。非其鬼不神，其神不伤人；非其神不伤人，圣人亦不伤人。夫两不相伤，故德交归焉。

——《道德经》第六十章

“治大国若烹小鲜。”治理国家，就像烹饪小鱼一样，不能胡乱折腾。做管理也一样。

一家企业，每天都是各种折腾，冲突、矛盾不断，没有长久持续的规划，就很难获得长久发展。

不仅企业难以发展，企业中的人也会因为不断的折腾而人心惶惶，彼此伤害。

“以道莅天下，其鬼不神。非其鬼不神，其神不伤人；非其神不伤人，圣人亦不伤人。夫两不相伤，故德交归焉。”统治者要想减少鬼怪伤人和不断的纠纷，就要用道来治理国家。因为在道中，鬼神没有伤人的能力。不但鬼神没有伤人的能力，圣人有道，也不会伤人。

企业中纷飞四起的谣言、接连不断的冲突，就像鬼怪一般。它之所以能伤人，不是因为它厉害，而是人们错误地相信了它，从而去伤害别人，最终也害了自己。

所以圣人治理国家，推崇的是善贷且成、主而不宰、利而不害，互相之间是相互成就，不会互相伤害。两不相伤，才是德之所归。

[第五十二品]

成大事者要有包容之心

圣人常无心，以百姓心为心。善者，吾善之；不善者，吾亦善之，德善。信者，吾信之；不信者，吾亦信之，德信。圣人在天下歙歙，为天下浑其心。圣人皆孩之。

——《道德经》第四十九章

人皆有心，因何老子说圣人常无心呢？

圣人不是无心，而是没有私心，他以百姓的心为自己的心。

我们怎么知道圣人把百姓的心当作自己的心了呢？可以从以下两个方面看出来。

第一，“善者，吾善之；不善者，吾亦善之，德善”。常人看这世间，有好人、坏人之分，圣人眼中没有好坏、善恶之分，他说善良的人，我用善待他；不善良的人，我也用善待他，这是德善。德善指的是慈，就像父母对自己孩子的爱一样。

第二，“信者，吾信之；不信者，吾亦信之，德信”。对于守信的人，圣人信任他；对于不守信的人，圣人也信任他，这是德信。圣人信的是这个人的本质，他不会因为人们行为的可信或不可信而区别对待之。

圣人是如何和百姓互动的呢？

“圣人在天下歙歙，为天下浑其心。圣人皆孩之。”圣人在其位，收敛自己的欲望，以天下人的心为自己的心，将自己与天下混同。圣人的眼中看到的是百姓，所以百姓疾苦都会进入圣人的眼中，无论什么样的人，他都关注，向对待自己的孩子一样。

圣人常无心，他会去泰、去奢、去甚，不求小我之私欲，而将天下与自己混同为一体。只有以天下百姓心为自己心的人，才能够包容所有人，才能够做到天下为公，治理天下才能长久。

[第五十三品]

能舍才能得天下

道生一，一生二，二生三，三生万物。万物负阴而抱阳，冲气以为和。人之所恶，唯孤寡不谷，而王公以为称。故物，或损之而益，或益之而损。人之所教，我亦教之。强梁者不得其死，吾将以为教父。

——《道德经》第四十二章

“道生一，一生二，二生三，三生万物。”在这句话中，“一”指的是道，道是一切的起源，所以道生就了一切。“二”指的是相对的两种存在，可谓之阴阳、善恶、好坏、高下、难易、长短、前后、黑白、荣辱、强弱等，万物皆有一体两面性。“三”指多，故“二生三，三生万物”，由多到无限。

整句话说明了万物起源于道，都符合道的规律，都有对立的两面性，也有无限的发展性。这里，可以用这样的规律来理解：生命从简单到复杂的进化过程，社会结构从简单到复杂的过程，人从简单幼稚到成熟的过程，都是从一到万的过程。想要把复杂简单化，就要理解从一切到一的道，才能把握万变而不离其宗。

“万物负阴而抱阳，冲气以为和。”天之道中，万物生长的规律都是背负着不好的一面，向着好的一面。万物生长都是利害混同的，我们求的是利而不害，就要将不利不断转化为有利，这就是冲气以为和。

天之道是“负阴而抱阳”的，那么王者之道是什么呢？

“人之所恶，唯孤寡不谷，而王公以为称。”老百姓都讨厌孤独、饥饿的状态，而王公们恰恰用“孤”“寡”“不谷”来自称。王公们为什么这样自讨不吉利呢？恰恰是因为王公懂得“负阴而抱阳”的道理。生而为王，他们享受荣光，这是“阳”，为了维持平衡，就要学会用天之道来进行调和，用人之所讨厌的“阴”来自谦、自黑。因为他们高却不自贵，所以天下人对他们不会羡慕嫉妒恨。

自黑、自贬、自损恰恰是“负阴而抱阳”的一种方式。懂道的人，适度自谦，不求在所有方面都享有荣耀，只要某个层面适当突出，对其他层面就不苛求了。这也契合了老子“去泰、去甚、去奢”的理念。

王者之道是应和天之道“负阴而抱阳”的，那么常人之道呢？

“故物，或损之而益，或益之而损。”万物，要么主动自损而受益，要么求益反而受损。“损之而益”指的就是“洼则盈”，如果你想要受益，就先要放低自己，留出空间，你才有可能受益。这句话也是指一个人能够甘愿自己受损而让整体受益。损和益是相对概念，追求整体的益，就不要过于计较个体一时一事的损，这是符合天之道的做法。如果反而行之，自己求益而让他人受损，就违背了“负阴而抱阳”的规律。

违背了规律的结果就是“强梁者不得其死”，一个在某个方面追求过甚的人，往往不能得到善终。老子认为，唯有尊道贵德可以无限追求，其他任何具体追求，都应该以道德为规范。脱离了道德去无限求强，将不得善终。

［第五十四品］

做好每件小事，才能成就大业

有一种效应，叫飞轮效应。为了使静止的飞轮转动起来，一开始你必须用很大的力气推动它，当飞轮转得越来越快，达到某一临近点后，你无须再费更大的力气，它依旧会快速转动。

有时候，你可能觉得做一件事很困难，但再坚持一下，过了临界点，就会变得轻松。

“天下难事必作于易，天下大事必作于细”，意思是，天下的难事，都是容易的事发展起来的；天下的大事，都是从一件件小事发展起来的。所以，要在事情容易解决的时候去解决，不要让它变为难事；要把一件件小事做好，才能成就大业。

飞轮效应和“天下难事必作于易”，看上去是两个意思，但说的其实是一回事，即凡事都是一个积累的过程，只要积累到一定程度，过了临界点，难与易就会相互转化。它给我们的启示就是，现在看起来简单的事，不要轻视之，一步一个脚印，踏实去做，不要等简单的问题变成大难题时，我们才去解决；而对于现在看起来难的事，我们要从小处，从自己目前的能力可及处，一步步走过去。千里之行，始于足下。当我们不断前行，我们的能力也为学日益了，我们也就容易进入为道日损的阶段，以至于我们不必刻意，就自然胜任所做之事了。

[第五十五品] 管理者的自信从何而来

有人说自信是幸福的基础，有人说自信的人更容易成功。

自信是什么？自信是自以为是吗？老子在《道德经》里提出，“自见者不明，自是者不彰”，他明确地告诉我们，处处张扬己见，会让人看不清事物本质；自以为是，反而不能彰显自己的才能。

那么，如何做到既自信，又不自以为是呢？

自信，一定不可缺少他信的补充。

如果一个人仅仅是自以为是，他的确不缺自信，但他做事会容易出错，与人交往时不能共赢共享。这样的人所建立的自信，可以说是盲目的自信，是不自知的自我欺骗。这叫自以为是，而非自信。因为不可信，所以不能获得他人对他的信任。

真正的自信，是经由自我对自己整体的信任和肯定与外界达成共识而构建的。

所以，一个人要想真正拥有自信，一要有爱人之心，二不能炫耀，三不能舍其后而为其先。这也是老子所说的“我有三宝，持而保之。一曰慈，二曰俭，三曰不敢为天下先”。

第一宝是爱他人，让自己融于整体。

第二宝是不奢靡、不炫耀，这样才能不割裂自己与他人的关系。

第三宝是不要凡事都争第一，要以整体为重。

唯有认知并做到了这些，你的自信才可能内外通达，获得他信。

作为管理者，你的自信也来自这三宝。把握住了这三宝，你可能就做到了德配其位，凡所为一呼而百应，凡所爱不招而自来。

[第五十六品]

管理者应避免的几种心态

企者不立，跨者不行，自见者不明，自是者不彰，自伐者无功，自矜者不长。其在道也，曰余食赘行。物或恶之，故有道者不处。

——《道德经》第二十四章

一个人踮起脚尖想要站得高，反而无法站立；迈起大步想要快步前进，反而不能远行。这说的是非自然、非常态下的刻意而为，很难持续，并难以达成想要的结果。

一个人如果过于固执己见，听不进不同的意见，很难明辨是非；一个总是自以为是的人，眼中没有别人，自己的价值也很难彰显；一个总是自我夸耀的人，反而建立不了功勋；一个过于自大矜持的人，也很难博采众长。

因为以上这些心态都是不符合道的心态，所以它们令人厌恶。有道的人不会让自己处于这样的境地。

老子在这一章中列举了不懂道的人的几种突出的表

现——自见、自彰、自伐、自矜，以及由其带来的不良影响。想想看，日常生活中，我们自己是否犯了其中的某一条或某几条？所以老子说自知者明。好在我们知道这些都是不好的心态，不利于实现我们想要的结果，就可以在日常的行为中有所觉察并改进。

这些道理之于管理，给管理者的启示是：过于固执己见的人很难做到兼听则明，更难包容所有人。一个不能包容所有人的管理者，是做不长久的。想服务更多的人，就要能够公平对待所有人，不固执己见，以公平为核心，才能符合道，才能长久发展。

想要不失其所者久，就要自然而然地去做。这个自然而然落实到管理中，就是要让人自在。

让被管理者掂起脚尖长久站立，让他们大跨步还要快走，都是不合于人性的。一些管理者推崇打鸡血的管理理念，弄得人心惶惶，让人有不拼命就朝不保夕之感。例如，“今天你不努力工作，明天你就要努力找工作”，这就是通过给人压力的方式，来实现一时的高绩效。这样的管理理念，是没有德的。

老子说：“爱以身为天下者，若可托天下。”老子又说，要有圣人之心，圣

爱惜自己的身体是为了治理天下，这样的人，是有资格治理天下的。

人把百姓的身体当成自己的身体。对管理者而言，天下可以指你的事业，也包括事业中的每个人。管理者如果连对员工的爱都没有，又怎么能德配其位，做好管理呢？

「叁」管理的智慧

天地所以能长且久者，以其不自生，故能长生。

知者不言，言者不知。

知其白，守其黑，为天下式。

[第五十七品] 以强带弱，推动整体发展

日常的管理活动中，对于相对比较弱小的新部门，企业往往会从人力配置、市场配置等方面给予一定的额外关注。为什么会这么做呢？

这种做法一般基于对两个方面的考虑。

第一，对于弱小者，多给予支持，让他看到希望，鼓励他尽快成长起来。

第二，对于强大者，其自身具备变得更强大的条件，可以引领弱小者，凭借更大的格局去关照弱小者。他们是太阳，会自发光，还会照亮别人；他们不用额外照顾，也能够很好地成长。

老子把这叫天之道，好像张弓拉弦一样，如果举高了，就放低一点，如果拉太满，就放松一点，让有余的给不足的一些补充，以便让整体更好。

那么，何时举高，何时放低，判断的标准是什么？是你拉弓射箭的目标。

你的目标是让整体更好，对整体利而不害。因何不都举高呢？是为了去甚。

业绩优秀的个人和团队可以引领落后团队找到思路和方法，让其由弱变强，这样的领先对整体发展有利，是该被提倡的。

如果不是为了整体更好，只为了个人的好、小部门的一枝独秀，这样过甚的追求会造成过骄、过奢，结果要么是难以管理，要么是整体中有人另立山头，对整体造成伤害。

老子说："天之道，损有余而补不足。"天地之所以长久，因为有爱的能量在强弱之间流动。组织要长久，强的就要引领弱小的，弱小的变得强大，再继续引领更弱小的，这样下去，整个组织才会持久良性发展。反之，强者更强，弱者更弱，两级分化是不稳定的根源，最终导致组织分崩离析，每个人都深受其害。所以损有余而补不足是更好的团队管理方式，是管理者永远应该坚持的管理之道。

【第五十八品】处罚员工不是管理者的事

对于怨，常人以怨报怨，圣人以德报怨。

圣人为什么选择以德报怨？

老子说“和大怨，必有余怨”，你用怨来报怨，怨不会消除，一定会有遗留的怨，对未来造成伤害。冤冤相报何时了？

怎么能够化解怨呢？圣人会用慈和柔来待人。

这一点在管理中尤其有用。管理者可以掌管契约，但不直接处罚人。员工违规，要交给专门的部门来负责执行。这样有利于公平，也不会积累私人恩怨。

天之道不会特别亲近某类人，会平等待人。懂道的管理者也会擅于用人，选择合适的人做合适的事情，最终用善化解怨，成就整体更好的未来。

一个整体中的核心人物，最不该触碰的是惩罚机制。他负责的是慈，以及整体的协调发展。

【第五十九品】公平地对待每一个员工

在《道德经》第五章，老子提出了“天地不仁，以万物为刍狗；圣人不仁，以百姓为刍狗”的观念。这句话的核心讲的是公平。

刍狗，指的是祭祀用的草扎的狗。在祭祀的时候，刍狗被供在供桌上，受万人朝拜，非常尊贵荣耀，当不做贡品时，它就像草芥一样被丢弃。刍狗本为草扎的狗，用完被丢掉是正常之事。圣人对待百姓也是一样，人在其位，享受匹配的待遇，不在其位不享受，圣人不会偏私于哪一类人。恰恰因为圣人不偏私，他才能做到公平公正地对待每一个人，才能做事全面，才能合于道，才能长久无害。

管理者对员工也应该这样，要平等地对待每个人，谁在那个位置，就给予谁对应的权力，对不在那个位置的人，就拿走他相应的特权。

最公平对待员工的方式，是按照员工对整体做出的贡献来分配利益。这就老子说的，“天道无亲，常与善人”。天道不会特别厚爱谁，谁想得到更美好的一切，就要遵循美好之道而行。

能对上对下都公平，这才是圣人之道。管理者在其位，要清楚是谁给了你权力，更要明白人们拜的是你权力背后的道。

得道之人，不只求职位，更应修道德，能够以员工心为心，以身为天下的人，才能够被员工尊重，这样的人，即使退位，员工也不会忘记他的好。

第六十品 要把员工放在心上

认知爱，理解爱，是从自己开始的。自知者明，就是说只有真正懂得自己的人，才可能有大智慧。更进一步，你能否真正理解别人，爱别人，是你能否有所成就的关键。服务到更多人，你才拥有了获得更大成就的可能。

如果你不能爱上这个世界和周围的人，你就很难成就自己的“大”，这个“大”包括大我、大格局、大气度、大爱。

大爱，可以用智慧去爱，也可以用物质去爱，当然，用物质去帮别人，你自己首先要有余。

所以老子说圣人要“损有余而补不足”，这也是人生修为的必经之路。唯有爱上你周围的人，你才能真正实现自我幸福。

在解决自己的烦恼的时候，要总结解决烦恼之道，去帮别人；在达成幸福的时候，也要总结获取幸福之道，去教会别人。把自己的美好分享给别人，自己的美好才能长久。你如果能如此关心更多人，久而久之，你就做到了以身为天下，可以托天下，也就做到了以其无私成其私。如果你是管理者，把你的员工当作你自己来爱，那你才可以使组织向好的方向发展，为更多的人服务。

[第六十一品]

学会规划，不做救火队员

“其安易持”出自《道德经》第六十四章，意思是事物处于比较安定的状态时，你更容易把握它。

道的规律具有普遍性、必然性，我们可以将其应用在工作、教育孩子、处理情感等实际情况中。

对任何事情，我们都要在它处于安定的状态时去主动维护，才可能比较容易地达成好的结果，不要等到问题大了，出现了动荡或危机，再去处理。

好的管理者应该懂得其安易持的道理，不让自己做救火队员，要会提前规划各项工作，在团队稳定的时候就做好各项安排。

那么，如何达到其安易持的境界呢？

常人思考问题、处理事情时，往往理不清头绪，尤其是同时面对几个问题，或需要处理好几件事的时候，容易抓不住轻重缓急，东一榔头西一棒子，反复纠缠却无法深入，造成同类的问题反复出现。

如果你能试着让自己先冷静下来，让自己的思想、行为处于稳定的状态，你才能更好地去发现问题、思考问题，你的思考才会越来越深入，接近规律本身，你也才越容易做成事。

遇事镇定自若，不惊慌，是处理大事比较好的状态。情绪低落，大吵大闹，都不是解决问题有效的方式。

同理，面对纷乱复杂的局面，你要先理出它的规律，掌握了规律，乱自然就不会再干扰你的思考、判断，你就能在安定的状态下解决问题了。

第六十二品 如何做到深藏不露

就算你在团体中功成名就，也要做一个低调的人。当你居于显赫的位置时，要不奢侈，不过分，不求安逸。你越被别人尊重，越要能安于不彰显自己的状态。因为如果你时时彰显自己，就一定会映衬出别人的不足，这样就不利于大家和谐相处，别人不仅不会尊重你，反而会处处挑你的毛病。

我们的尊严来自我们会做人，我们做到了利而不害，自然会被尊重。相反，凡事只为了自己的利益和荣光，必遭别人反对。所以你要把自己的长处用在为了大家的好上，而不是用在显摆自己的目的上。

但同时，低调也要把握一定的尺度，不要让自己因为低调而遭受污辱。为人处世，既不能嘚瑟，也不能让人看不起。要有自尊，却不能过度成自彰；要能自爱，却不能过度成自负。

拥有大智慧的高层管理者，要把表现的机会让出去，把舞台中心让给你培养的对象。但你也不能让下属觉得你处处退让，是因为没有能力。所以，你的工作重心在于对战略布局和整体发展的把握。

在团队中，如果你能抱有这样的心态，那你就可以让自己和别人都有尊严，让大家更能齐心合力，开拓进取！

第六十三品 分清组织中的四类人

老子在《道德经》中提出了四类人：下士、中士、上士、圣人。

那么，我们在日常生活中如何区分这几类人呢？

1. 下士

下士关注五音五色，喜欢奇，思维单一，认为人生的目的就是为了生存。

2. 中士

中士喜欢美，相信人生是一场旅行，喜欢奇，看重体验，追求精致。

3. 上士

上士追求真，不看重外在的修饰，认为人生是一条修炼之路，不断自我提升和修炼，认知多元，做人做事笃定。

4. 圣人

圣人将真、善、美混同，对这个世界有大爱，认可损有余而补不足是永恒的，认知全面，遵从整体和长久之道，认为人生是一条善贷且成的路。圣人一生尊道贵德，为人处世自然而然。

“上士闻道，勤而行之；中士闻道，若存若亡；下士闻道，大笑之”，圣人“长而不宰”，“善贷且成”。

面对道，下士闻道大笑，中士将信将疑，上士勤而行之，圣人不离大道。

我们分清这四种人，可以知道他们在哪个认知阶段，明白他们的爱好，懂得如何与之相处，与之达成共识，与之一路同行。

［第六十四品］

把员工的利益摆在前面

民之饥，以其上食税之多，是以饥。民之难治，以其上之有为，是以难治。民之轻死，以其求生之厚，是以轻死。夫唯无以生为者，是贤于贵生。

——《道德经》第七十五章

老百姓为什么会遭受饥荒呢？是因为统治者征收的赋税过多，粮食都用来上税了。老百姓为什么难以治理？是因为统治者为了自己的私利肆意而为，让老百姓利益受损严重，老百姓才不得不反。老百姓之所以不看重自己的生命，是因为统治者过于追求个人的享受，为了达成个人享受，会征地、征兵、征税等，这些行为让老百姓没有办法平安地生活，因此他们不再看重生死。所以，不过于追求自我生活丰奢的人，比过分看重享乐的人高明。

老子认为，民之难治在于统治者过于追求自我利益，造成百姓无法生活，只好反抗，其最终的结局是统治者也难有长久的享受。

名利本是身外之物，过于追求个人所得，必然会损害其他人的所得，造成被压榨之人的反抗，这也是民之难治的根源。这样长久下去，最终自己拥有的也会失去。

这对于当代管理者的意义在于，要明白企业难以管理的根源在于企业管理层过度关注自己的利益，而不是最大多数员工的利益。

当然，客观分析，民之饥不单纯是因为征税之重，还有其他原因，比方说干旱、洪涝等灾害。老子并没有过多提及天灾，重点在于讲授人祸的部分，原因在于天灾不可控，对于不可控的部分，说多无用。反而是人祸这部分，只要认知到了就有可能改正，把灾害程度降到最低。

做企业，无外乎是为了让自己和更多人获得更好的生活。所以管理企业从本质上与管理天下相同。管理者要尽量避免人祸，不要为了追求一己私利而置员工利益于不顾。面对天灾，比如不可控的事件对员工造成损害，管理者要尽可能奉献自己的有余去补不足，这是人间正道。而不是能推脱的就推脱，什么事都只想着撇清自己的责任。

能够承受灾难、勇于承担责任的人，才配为主。你身为企业、团队的主人，不是来享受的，而是来承担责任的。能最大限度承担别人所不能承担之重，才是一个好的管理者。

[第六十五品]

管理制度如何才能执行

民不畏死，奈何以死惧之！若使民常畏死，而为奇者吾得执而杀之，孰敢？常有司杀者杀，夫代司杀者杀，是谓代大匠斫。夫代大匠斫者，希有不伤其手矣。

——《道德经》第七十四章

人民不害怕死亡的时候，你还能用死亡来吓唬他们吗？如果人民真的害怕死亡，这个时候谁为非作歹，你就可以抓住他，杀掉他，这样，谁还敢为非作歹呢？古来常常有专门负责杀人的人。如果谁替代杀人的人去杀人，就好像代替木匠去砍木头，很少有不砍伤自己的手指头的。

老子认为，不要动不动就吓唬人，否则就像“狼来了”，吓唬到一定程度，管理者就很难做好管理。

企业为了达成战略目标，保证组织的高效运行，会设立各个方面的规章制度。当有人违反规章制度时，纪律监督部门应对其做出相应的处理决定。

好的管理是各个部门各司其职，让专门负责监督制度执行情况的部门去做出处罚规定，非制度监管部门，其管理者无论职位高低，即使是一把手，也不要随意代替监督部门去处罚员工。管理不规范的企业，往往会随意破坏这个规则，谁有权谁就可以执行处罚权。这样的组织往往会有内部纷争，规章制度很难执行到位，这是为什么呢？

术业有专攻，让最了解规章制度的部门去执行处罚，他们执行时代表的不是个人意愿，而是大多数人的共同约定，所以会保证执行结果的公平公正，不会引起私怨。而其他人，因为不专门负责这块儿，对规章制度的理解和掌握难免有偏颇之处，如果让他们随意行使处罚权力，免不了会因为考虑不周而造成不公，引发私人恩怨，违背了企业制定相关规定的初衷。

让员工享受工作，不轻易犯错，整个组织风清气正，这才是我们做管理的追求方向。这个时候，偶尔有人犯错，对他加以处分，就很有效果。当然，即使要处分，也不要由管理者自己出面直接处罚，要交给专门负责的部门。这样做，既可以保证公平公正，又可以避免发生管理者带着情绪去处理问题的情况发生，这样的管理方式才能以德以理服人。

【第六十六品】

不以业绩高低作为亲疏的标准

知者不言，言者不知。塞其兑，闭其门，挫其锐；解其纷，和其光，同其尘，是谓玄同。故不可得而亲，不可得而疏；不可得而利，不可得而害；不可得而贵，不可得而贱，故为天下贵。

——《道德经》第五十六章

老子说“知者不言，言者不知”，意思是智慧的人不刻意说教。经常对别人指手画脚的人，多半是没有大智慧的人。

老子为什么会有这样的说法呢？我们一般不是都提倡知无不言，言无不尽吗？

其实，老子的“知”并非我们常说的“知”。现代人的“知”一般指知识，而在老子这句话中，“知”指的是智慧。

有智慧的人懂得道的运行规律，不会把过多的精力放在日常小事上，所以他不会多说，只会用实际行动去做。

他通常会“塞其兑，闭其门”，堵住自己嗜欲的孔窍，关闭自己嗜欲的门径，不让自己沉迷于五音五色，这样，他才能体察感悟道、把握整体的美好。

有智慧的人，自身通达，没有什么烦恼，面对周围人的烦恼，他会“挫其锐，解其纷”。那么，如何挫掉过甚追求的锐气，解除烦恼呢？

老子给出的答案是，要“和其光，同其尘”。“光”指的是好的方面，“尘”指的是我们不想要的方面。一个人既能享受成功的荣耀，也能对失败淡然处之，就达到了玄同的境界。

如何做到和光同尘呢？

老子给出的答案是：“不可得而亲，不可得而疏；不可得而利，不可得而害；不可得而贵，不可得而贱；故为天下贵。”就是要超脱亲疏、利害、贵贱的世俗范围，能够站在整体看待局部，能够站在长远角度看待当下。能做到这些的人，才会受人尊重。

在管理中，玄同观的应用非常重要。

管理者不要因为某个部门业绩好，就亲近之、重视之，给其过多的名利，这样其实是对整体的伤害。被过分看重的人会一直想要更多的好，一旦某一天他的所得不符合他的预期，他就会心生怨气，甚至会另起炉灶。管理者也不要因为某个部门不出业绩，就疏远之、轻视之。比如后勤部门，虽然不直接创造业绩，但也是企业必不可少的部门。管理者要以公待每个部门。要想企业有发展，就要公平公正地看待每个部门和每个人的存在价值。

因为整体是由所有人组成的，所以玄同观讲求不偏斜、不片面。唯有知道如何对整体好，才能服务更多的人。这样的人，自然最能够胜任管理岗位。

[第六十七品]

如何让管理变得轻松

为学日益，为道日损。损之又损，以至于无为，无为而无不为。取天下常以无事，及其有事，不足以取天下。

——《道德经》第四十八章

读书是学习的一种方式，可以让一个人开阔视野，不断提升自己，为学日益。同时，我们要明白，学习不是目的，学有所用才是目的。

“为学日益，为道日损。损之又损，以至于无为，无为而无不为。”不断学习可以让一个人日日有所增益，学习的增益是为了让认知越来越接近道；遵循道的规律做事时，那些不符合道的刻意而为会越来越少，最后人的行为就会达成自然而然的状态。无为不是没有作为，而是顺应道做事，自然达成想要的结果。

“取天下常以无事，及其有事，不足以取天下。”懂道的人管理天下，不刻意生事。如果不断生事，他就不配治理天下了。

治理国家如此，管理之道亦是如此。

为学日益是一个认知升级的过程，不是目的，我们最终追求的是为道日损。学习是为了少走弯路，让每个管理决策能够顺应长久之道，让管理越来越轻松。好的管理不是每天忙死人，而是最终无为而无所不为。

须知有无相生，知无为之有益，要知道有为之足。管理者不该忘记的是，自己如果善于用人，就应该让自己无为，给下属更大的作为空间。

【第六十八品】

不要在团队中造成对立

人本能地会因为偏爱荣耀而讨厌屈辱；人本能地会因为偏爱美丽而讨厌丑陋；人本能地会因为偏爱把事物划分出美丑、荣辱、大小、清浊等相对的概念，从而嫌弃一个，偏爱另一个。而老子却说，我们应该知这个，守那个。他知的是美，是荣，是大，是清，守的是丑，是辱，是小，是浊。

这是不是说老子不思进取，不想成就更美好的自己和世界呢？当然不是。老子这样的全面认知，更能成就美好。

“知其白，守其黑，为天下式。为天下式，常德不忒，复归于无极。”深知什么是明亮，自己却安于暗昧的地位，甘愿做天下人的楷模。做天下人的楷模，常有其德，言行无失，最终求得真理。

老子告诉我们，对人对事，都不要有偏爱之心，要认可其整体价值。

身为管理者，如果你有偏爱之心，你的偏爱越严重，你的组织内部会越分裂，人心将难以归顺，思想将难以统一，组织将难以和谐共赢。

老子给出了他的玄同观，即：你要接纳你所不偏爱的，才能让你所偏爱的发展得更好。比如你偏爱优秀的人，那么就要接纳很多人的不优秀，通过教导他们，让他们变得优秀。用不割裂、不对立的心态去做管理，你才能通行天下，你的事业才可能更长久。

[第六十九品]

重视团队的力量

天长地久。天地所以能长且久者，以其不自生，故能长生。是以圣人后其身而身先，外其身而身存。非以其无私邪？故能成其私。

——《道德经》第七章

瞬间与长久，是两个相对的概念。老子认为这样的概念是同出而异名的。

一家企业要想长久经营，就应该仿效天地长久之道，“以其不自生，故能长生”。这里的“不自生”，指的是不追求个体的长久生存，而以共生为原则。就好像自然生态系统，没有一种生物是可以不依赖于其他生物而独立生存的。所以他说圣人要能够承受别人不能承受的，能够承担更多的责任、压力和磨难，才可能被人推到前面。

而这些，对于管理者而言，应该就是认知事业、认知自己，为学日益地修行，进而为道日损，自然而然甚至云淡风清地应对一切。只有这样，管理者才能把企业的责任与重担，长久地挑下去。

一个人，如果想成其私，恰恰要懂得无私的好处。

一个管理者，首先要懂得，你要给整体员工最普遍的公平，合理分配你们创造的财富。而你，不该以功利之心立命。如果你以利立命，你也会随利小而命危。

“天地所以能长久者，以其不自生，故能长生。”管理者当引以为勉，为戒，为座右铭。

「肆」精进的法门

不出户，知天下；不窥牖，见天道。
故善人者，不善人之师；不善人者，善人之资。
少则得，多则惑。

[第七十品]

任何事物都有可学之处

常人喜欢学习具体的知识，圣人从一切中学习，包括常人不关注的地方、犯错误的地方，这叫“学不学，复众人之所过”。

圣人因何这样学习呢？

因为万物皆有道，我们可以从一物观万物。一叶知秋，见微知著，说的都是人的认知可以从局部到整体。

学习不只发自课堂、源于书本，学习可以在工作、生活的每个当下发生。

比如，一项工作成功了，背后的道是什么，你能够总结提炼出来，这就是在学习；进一步，你把自己的总结分享给其他人，就会有更多人成功，这就是共同学习。

老子就是在对日常生活的观察中，看到了其中的道，总结提炼后写出了《道德经》；西方的哲学家，也都是在前人智慧的基础上进行升级，发展了西方文明。我们何其有幸，可以享用前人的智慧，过好当下的生活，我们也责无旁贷，去解读、提炼当代的智慧，分享给后来人。

学习的三种层次

［第七十一品］

上士学道，虚极静笃；中士学道，半学半疑；下士学道，大笑而去。

上士修炼智慧，一日千里，因为上士能够耐得住寂寞，他清楚唯有理解了世间的根本规律，才能更好地把握世事。

中士修炼智慧，一日十里，因为中士耐不住淡乎无味的寂寞，他们不明白一件事：规律都是在说理念和逻辑，而唯有对理念、逻辑通达明了，才能在做事时气定神闲。

下士修炼智慧，一日一两步都困难，因为下士觉得那些理念、逻辑距离实际生活很远，学起来枯燥无味。他们不懂得，正是这些看起来枯燥无味的理念，蕴藏着实现人生美好的必然性。

最好的学习状态，就是沉下心来，认真品味，以达到触类旁通的境界。这样能用最少的时间，达成最大的成效。次一等状态的是，学习时追求好玩，往往被好玩的事物吸引，以致错失实现通达的机会，难以学得明白。而最差的状态是，打着学习的幌子，却只对声色犬马感兴趣，导致学不能通，不能深入，徒劳无功。

老子说“道之出口，淡乎其无味”，“用之不足既”。道虽然听起来平淡而无味，但它的应用，却是无穷无尽的。

道是理解世间万物的大学问。学习道，要虚极静笃，深入体会，才能有所得，进而才能将其活用到各方各面。

第七十二品 学习的两个方向

如何受教，如何学习？有没有最好的学习之道？

学习有两个方向，一是向过去的人学习做人之道，向过去的事学习做事之道；二是在当下学习你自己的经验，总结你自己的感悟。

在这两个方面上，你所遇见的材料可能都是片面的，你要用全面的视角去看待，去理解。你要以求真求通达为前提，去审视你的学习对象的不足，从而达到哪怕学习对象犯了错误，你也能从中找到正确的路的境界。这叫作批判性学习。

这就要求你在学习的时候，要虚极静笃，要静静体悟。

唯有深入观察，才能洞见它的伪与真。去伪存真，真知便可为你所用。

从真而行，离不开批判虚伪。走向对的路，离不开辨别错误的路的能力。所以学习之道，是去伪存真之路。信息时代，面对海量的知识，我们唯有去伪存真、去偏达全，才能更好地学习。

[第七十三品]

从经验中学习

视之不见名曰夷，听之不闻名曰希，搏之不得名曰微。此三者不可致诘，故混而为一。其上不皦，其下不昧，绳绳不可名，复归于无物，是谓无状之状，无物之象。是谓惚恍。迎之不见其首，随之不见其后。执古之道，以御今之有，能知古始，是谓道纪。

——《道德经》第十四章

道是看不见、听不到、摸不着的。一般的个人经历，比如吃大亏、受大挫，都不容易得出必然的道。所以那些经常强调不爱听大道理，而应该通过某一次个人经历体会道理的人，从本质上说，是不能避免失败的。

老子说，我们要将所有看见的、听到的经验总结起来，挫锐解纷，和光同尘，得出普遍的、必然的道，才能把握好人生。接着，老子告诉我们提炼道的方式方法，可以借助历史经验来提炼，叫知古始方为道纪；可以借助别人的经验来提炼，叫“善人者，不善人之师；不善人者，善人之资”；

可以借助自己的经验来提炼，叫“自知者明”。

> 善人可以做恶人的老师，恶人可以作为善人行为尺度的借鉴。

老子所言的这三种借鉴方式，李世民这样总结：“以铜为镜，可以正衣冠；以古为镜，可以知兴替；以人为镜，可以明得失。”

李世民的意思是：借助自己对自己的照见，来了解自己，正自己的认知；借助总结历史长久之道，来正自己的事业；借助智者对自己的评判，来正自己的行为。

这三者，一要向智者学习，二要向历史学习，三要向自己深处探索学习，也是我们每个人都不能忽略的。

第七十四品 如何读万卷书，行万里路

读万卷书，行万里路，说的是人学习的两种路径。

读万卷书：跟他人学习，跟历史学习。

行万里路：在实践中学习，在行动中学习。

那么，为什么同样都是读万卷书，行万里路，人跟人学习的成果大不相同呢？

这就要深入分析一下：你读的是什么书？如何读的？你如何行万里路？在路上学会了什么？

网络时代，读书越来越容易，也越来越难深入。无论你是一年读几十本书，还是几年读一本书，学习的核心都在于读书的过程中能够不断感悟，用书中的理念来验证你的行为，同时，在实践中不断论证书中的观点，这一总结、反思的过程，就是你读书的真正意义所在。读书的过程，是思维和实践验证的过程；从被动读书到主动思考，书中的知识才会为你所用。

行万里路可以增加见闻，但是不要停留在表象上：看到美景，不要只惊叹山真雄伟呀，大海真浩瀚呀，还要透过现象看到本质。你越深入，越能感受到世界的奇妙，不然会越看越无聊。老子说："万物并作，吾以观复。夫物芸芸，各复归其根。"一切中都蕴含着道，在行的过程中要让自己虚极静笃地观察提炼，不要分离行和思。

读万卷书，行万里路，都是自我和世界互动的过程，两者你中有我，我中有你，互相助益，成就更好。

不少人认为读书与行路是两件事。其实按照《道德经》的玄同观念，两者完全是一回事，不能更好地去理解书，就不可能从行为之中总结道理和智慧。这是因为，书都是对行的总结和指导。

我们要按照知行一体的方式，在行为之中发现新知，在读书之中感悟、实践。两者混而为一，才真正做到了读书行路，浑然天成。

多读书不如精读书

［第七十五品］

阅读一般分为泛读和精读两种方式。喜欢泛读的人，几天读一本书，一年读几十本书；喜欢精读的人，可能用几个月、一年甚至一生的时间去读一本书。

用什么样的方式去读书，取决于你读书的目的。

对于刚开始读书的人来说，泛读有助于养成阅读习惯，提高阅读效率。泛读适合信息类的书，阅读是为了获取新概念和新信息；对于需要深度阅读的书来说，泛读就有点囫囵吞枣了。

如果你是为了提高效率、快速获取信息，那就泛读加多读；如果你是为了深度思考，获取举一反三的智慧，那就要精读。

例如《道德经》，不过5000多字，我读了无数遍。在这个过程中，我不只在阅读，更将读书获得的感悟放到实际生活中去理解应用。表面上看，我读书的速度很慢，实际上，我看待人生的视角得到了开拓，把握问题的能力得到了提升。也就是说，我阅读的书籍数量少了，得到的收获却不少。

老子说“少则得，多则惑”，用在读书上，精读有利于深度思考，让人从被动阅读别人的观点到主动思考，不只了解作者写了什么，更要思考作者为什么会这样写，这样写是否符合现实，其中可以借鉴的是什么，等等。这样读书，哪怕你的阅读量不大，你的收获也会很多。通过读一本书，你读出了道。

同时，精读一本好书，作者的理论体系一脉相承，前后贯通，方便你建立整体和系统的认知。速读很多书，如果只是读，没有自己的主动思考和创见，那么你几乎得不到什么实质性的收获。同时，当你没有鉴别能力时，看不同的书，得到不同的认知，遇到相悖的观点，你就会产生各种困惑，到最后只会慨叹：我读过这么多书，懂了这么多道理，为什么还过不好这一生？

所以，重要的不是读了多少书，而是你是否建立起了自己的认知体系，能否鉴别书里的理是不是真理。

泛读和精读，这两种阅读方式或损之而益，或益之而损，可以互相转化，你必须先让自己拥有鉴别真理的智慧。如果你的鉴别能力还不够，不妨先从精读一本圣贤的书开始。

唯有精读才能深入，才能更深入地理解一切，从而更好地把握真理。

[第七十六品]

在探索中发现，在错误中进步

老子说“孰能浊以静之徐清”，意思是谁能止住烦恼慌乱，静静地体味，直到看得清澈通透；“孰能安以久动之徐生”，意思是谁能在久久的安静中，发现无限的生机。他说这是“蔽不新成”，即不人为地增生，让吐故纳新顺应自然。

常人安静时就觉得无聊，行动时又渴望清闲。其实就是不能静之徐清、动之徐生的缘故。

我们一般会有两种状态，一种是忙，一种是闲。如果能很好地把握这两种状态，一定会活出美妙的人生。

在忙中，普通人大多不能止住忙乱的心，这时要能忙中有静，忙的是手脚，静的是心，才能在忙中得云淡风清。这也是人说的能够忙而不乱，而不乱就不会厌，不厌就能安，安于工作，就进入了下一步的修炼，即安以久，然后动之徐生，蔽不新成。

我们都想在工作中创新发展，安以久，就是为了探索发现，探索工作中更好的方法，用心去理解，发现新的成果。

老子特别看重蔽不新成的能力。因为此能力能提高我们的创造力，满足我们内心对美好的渴望，使我们不断成就更新、更好的自己，成就我们的事业。

所以，认真学习，努力改善自己的不足，是一个人获得进步的关键。

【第七十七品】

什么样的创新才是好创新

三十辐共一毂，当其无，有车之用。埏埴以为器，当其无，有器之用。凿户牖以为室，当其无，有室之用。故有之以为利，无之以为用。

——《道德经》第十一章

车子的毂因为有空隙可以转动，才可以做车轮用；陶土做的器物，因为中间有空间，才可以盛东西；屋子凿出门窗，因为有空间，才可以住人。老子从生活中最普遍的现象里发现了有和无的关系，我们看到的车条、陶土、房子的形状是有，这个有必须和空间的无结合，才能有用。有是让我们观察事物的，无是让我们发现意义的。

纵观人类文明发展，就是在“无”中不断发现、创造的过程。

懂得了“无中生有”的规律，我们就可以把握这个规律，源源不断地创新。

是不是所有的创新都是我们想要的呢？

并不是这样。

抗生素在疾病治疗上的过度应用，滥用激素以催熟鸡鸭、蔬果，这种损害健康的“创新”，不是我们应该追求的。

那么，如何判断创新的好坏呢？

第一，创新要以爱为基础，以让整体变得更好为原则。

第二，创新要将美和实用相结合。

第三，越有普遍性的创新，生命力越强。

创新是一个无中生有、蔽不新成的过程，这个过程中有之以为端倪，无之以为妙用。有之利加无之用，才是完整的道。就像我们既要有有形的身体，也要有无形的心灵，才是完整的人一样。

能够用有限的材料，带给人无限的应用，才是好的作品，才称得上创新。有限的文字蕴含无限的寓意，有限的资金带来无限的服务，有限的指引能给出无限正确的方向，有限的人生能留下无限的精神……这才是天之道。

［第七十八品］

做事符合规律，才能谋求发展

反者，道之动；弱者，道之用。天下万物生于有，有生于无。

——《道德经》第四十章

反者，循环往复者，能带来道的运动变化。有些反能实现我们的意愿，有些反不能实现我们的意愿。

老子说，你要实现自己的意愿，最好守住柔软之道。人追求的更好、更高、更强，是注定的。而要实现更好、更高、更强，则要借助不一定很好、很高、很强的柔软之道。

一个人如果自以为强，则多半以封闭状态为主。而生之道，是以柔软实现生长，以柔情实现被爱，以温柔实现美善，这些都是不凭强势就能实现的。

为什么会这样？因为“天下万物生于有，有生于无”。

个人或企业，都是要从无限的外界不断地吸取营养，来完成自己的发展与壮大，这就是有生于无。

什么样的状态更利于我们不断进步呢？答案是温柔之道、柔软之道。

如果你违反了道的根本规律，你就会失败。

［第七十九品］

1+1>2，才叫创新

“无中生有”出自《道德经》第四十章——“天下万物生于有，有生于无”。“无”不是没有，而是指认知的无限性。“无中生有”的意思是无中蕴含着无限的有。

无中生有是道的运行规律，老子说**“常无欲，以观其妙；常有欲，以观其徼”**，意思是我们在“无”中发现美妙，在“有”中发现规律。

人类的发展，其实就是一个无中生有的过程。

人类从没有音乐、没有绘画、没有文字到拥有了这一切，并不断发展之，这个无中生有的过程成就了人类的文化文明。

人类的技术发展也一样，汽车、火车、飞机、航天火箭……所有的发明、创新都是无中生有。

无中生有如此重要，那么，如何做到无中生有？

1. 认知不要僵化

一个人如果认为自己在当下就是最好的，那他基本上封锁了自己无中生有的能力。

一切都在发展变化之中，每个人、每项工作、每个岗位都有做得更好的可能，当你的认知不僵化时，你也就打开了一扇可以创新的门，源源不断的创意会喷涌而来。

2. 排列组合可催生创新

如何做到无中生有呢？学会运用排列组合。两个事物一组合，就产生了新的“有”。例如炸糕和冰激凌一组合，变成了小孩爱吃的油炸冰激凌；鲜花和糕点组合，变成了鲜花饼；食物和药材组合，变成了药膳；等等。

3. 奇不离开正

创新有好有坏，要想长久的好，不要离开正。例如地沟油、毒奶粉、苏丹红鸭蛋等，也可以说是“创新”，但其离开了善的正道，不能长久。

总结来看，老子说“大曰逝，逝曰远，远曰反”，方法、形式总在变化之中，但无论如何变化，都应向着更好的方向，不背离道才是好创新，才能够长久。

[第八十品] 平常事物也有可创新之处

吃喝玩乐谁都能做，可是做的结果却有很大不同。

同样是吃，有人成为美食家、美食作家；同样是喝，有人就能精通茶文化、咖啡文化、酒文化。

我们以为很容易的吃喝玩乐，真的潜心研究起来，却很不简单。

“万物并作，吾以观复。夫物芸芸，各复归其根。”这意味着吃喝玩乐中也存在着道，发现了这个道，你就可以创造出新的产业、新的可能。

这个道是什么呢？“以正治国，以奇用兵。”

吃喝玩乐之所以可以长久存在，因为它是人们的生活需要，只要不脱离它存在的基础——满足人们的需求，它就可以一直发展。这就是正。

奇是什么呢？就是你在吃喝玩乐中不断创新，不断出奇制胜。比如创出新的菜品、游乐项目等。

每个不脱离正这一基础的奇，都有成功的可能。如果脱离正，只是奇，则为妖，不长久。

我们除了知道如何运用道来发展吃喝玩乐，更重要的是要了解吃喝玩乐的本质，不要让自己被吃喝玩乐操控，陷入对五音、五色的过度追求，否则，反而会失去原本的快乐。

能够将娱乐化入工作，叫作寓乐于做。能够把工作当作娱乐活动而享受其中，一定是打通了工作和娱乐的道，叫作和光同尘。

"挫其锐，解其纷，和其光，同其尘。"消磨它的锋芒，消除它的纷扰，调和它的光辉，让它混同于尘垢。
和光同尘：指收敛光耀，混同尘世，不标新立异，不过分张扬自己，让自己融入社会，融入周围的环境，从而达到玄妙齐同的境界。

这样的过程会让你爱上工作，爱上生活。如果你可以把你的心得体会教给工作伙伴、生活伴侣，就可以和大家一起更美好地生活、工作。

那么，从何处开始修行

呢？要从“少则得”入手。在吃喝玩乐时，在少中发现，在少中品味，不求奢求多。在普通的日子里，都能够发现幸福，这就是修行的起点。

[第八十一品]

创新源于主动发现

古往今来，文学艺术创作、科学技术发明，都源于发现。艺术家发现了生活中的真、善、美，才催生出了好的作品；科学家发现了自然界的规律，才推动了科学技术不断进步。可以说，人类的文明发展，源于发现。

发现对我们如此重要，那么，如何能够做到善于发现呢？

发现有主动发现和被动发现两种。被动发现多是通过书本、课堂等，从有中习得；主动发现是主动探索未知领域，无中生有。

那么，我们如何做到主动发现呢？通过发问。

古希腊哲学家苏格拉底最喜欢向人们发问，通过发问引发人们的思考互动。有人问管理学家彼得·德鲁克，他因何能把咨询做得这么好，德鲁克回答说，他的主要方法之一就是发问。

那么，我们如何通过发问去主动发现呢？

“常无欲，以观其妙；常有欲，以观其微”。当你看到一棵树，树的品类、大小、形状，这是你认知中有的部分。无的部分是什么呢？这棵树和整体世界的无限联系，这棵树的过去和未来。站在时空的维度上，你可以有无限的发现。

工作、婚姻也是一样。作为新人，你能学习的“有”，是顺应规律做事，你能够在无中发现的新，是你工作创新的源泉，也是你对公司独特的价值所在，会让你的工作充满奥妙。在婚姻中，不只局限在对伴侣的有限认知中，更要在平时发现和创造无限的新，这样爱情才能保鲜，双方才能享受婚姻的幸福。

当然，所有的发现聚焦的方向是能够让整体变得更真、更善、更美。

【第八十二品】如何提高创业的成功率

如何提高创业的成功率？

首先要了解，创业是一个系统工程，包含多维度的思考和统筹运营等方方面面。在决定创业之前，你一定要做好企业运营的基础知识和技能储备工作，这些不是单从书本就能够学到的，最好的方法是实打实地在做中学。

其次，在创业积累期，你至少要了解几个岗位的运作情况。

1. 职能系列岗位

用心思考、感悟、总结企业每个职能岗位设计的初衷、岗位设计原理、运作流程、协作机制、系统位置等。

2. 市场营销一线岗位

你要了解市场、了解营销运作，体会：

如何把握客户需求？

如何设计满足客户需求的产品？

如何让客户认可你的公司？

如何持续创新产品？

……

营销能力是创业者的核心能力之一。未来这个能力你可以不用，但绝对不能没有。

3. 管理系统岗位

全面了解企业的管理文化，增强从整体角度思考问题的能力。

创业看起来要出奇制胜，但实际上，不对行业进行深入的了解，不能守住传统的正，任何出新，都很难长久生存。

要记住，创业中的奇是各种新点子，创业中的正是持续健康运营，不要舍正求奇。只有在正中出奇，你的创业之路才能走得更长远。

［第八十三品］

不出户，知天下

不出户，知天下；不窥牖，见天道。其出弥远，其知弥少。是以圣人不行而知，不见而名，不为而成。

——《道德经》第四十七章

有人曾说：“世界这么大，我想去看看！”老子却说：“不出户，知天下；不窥牖，见天道。”他认为一个人足不出户，就可以知道天下事；不用看向窗外，也可以知道天道的运行规律。

不止于此，他还认为“其出弥远，其知弥少”，说的是一个人向外追逐得越远，知道的就越少。

这里，我们要明白老子的“知”指的是什么。

如果“知”是经验、知识、信息，你走的地方越多，视野自然越开阔，所知也会越多。如果“知”是智慧，那它的多少和你在家还是外出没有必然关系。因为万物都有道，道有普遍性和必然性。一花一世界，你能读懂自己，也就能够以身观身，以家观家，以邦观邦，以天下观天下。从悟道的角度，你跑得越远，越容易把时间精力浪费在外在的声色之象上，这对于你深入悟道是干扰，不是助力。

为何足不出户也可以知天下呢？因为**“圣人不行而知，不见而名，不为而成”**。圣人不用实践就有知识，不用观察就可以做出判断，不刻意而为也可以取得成果。

圣人可以做到足不出户知天下，普通人很难。因为普通人更关注五音五色，基本上对道处于无知的状态。

幸运的是，我们可以站在巨人的肩膀上看待这个世界。老子写《道德经》，将他所知道、所悟道的智慧传承下来，让后人可以站在他智慧的肩膀上来看待这个世界。

第八十四品 善于思考，求得真知

老子说“其安易持”，意思是局面安定时，容易保持和维护。

为什么很多人提倡逻辑思维？因为逻辑能保证思维运转不形成悖论。人容易陷入自相矛盾的境地却不自知，唯有坚持逻辑思维，才能理清混乱的思绪，更准确地理解事物，更清楚地看到内心，从而走出自相矛盾的境地。但是，能运用逻辑思维，也不代表你掌握了普遍性、必然性的真知，只能说你能确保自己可以识别那些自相矛盾的理念。也就是说，逻辑思维可以帮助你检验真知是否真。如果你想用它寻找真知，那你就要从海量的知识里，从无限的事物中，慢慢发现，先从一点到一线，再到一面，这是漫长的过程。

拥有了逻辑思维，不代表掌握了真理。但它可以帮助我们寻找真知，鉴别真知。

如果我们能正确运用逻辑思维，看清规律，我们也就能够安之若素，持而不乱了。

[第八十五品]

透过现象看本质

孔德之容，惟道是从。道之为物，惟恍惟惚。惚兮恍兮，其中有象；恍兮惚兮，其中有物。窈兮冥兮，其中有精；其精甚真，其中有信。自古及今，其名不去，以阅众甫。吾何以知众甫之状哉？以此。

——《道德经》第二十一章

老子说大德不显相，源源不断地给予别人，恰如道不自显，却永恒地在给予。道，是规律，没有我们可以一眼看清楚的固定形状。所以说起道，它是恍恍惚惚的。而这恍恍惚惚的道，又是所有形象的根本，是所有实物的根本。它那样深远暗昧，包含着精，这精是最真实的，因为真，所以可信赖。从今天上溯到古代，它一直都存在，人们可以用它来观察万事万物的初始情况。人们怎么知道万事万物的初始情况的呢？是用道来观察的。

在这一章中，老子提到了相—物—精—真—信。我们日常看东西时，是不是也遵循这个规律？

我们会先远远看到一个恍恍惚惚的形象，慢慢靠近，可以明确看出来这是一个什么物体，然后再探寻这个物体的内部是什么。

这样一个由远及近、由外及内、由现象到本质的过程，就是我们认知的过程。

常人看到物这一层，往往就停止了探寻和思考。老子走得更深，他想要知道这个物里面是什么。他找到了精。精是什么？精是事物的本质和精华，是我们做事的初心，是万物存在的核心意义。

为什么这个精是根本呢？老子继续探寻，他说其中有真。唯有真实才可以永久。真、善、美是人类永恒的追求。当事物真实存在时，我们才可以相信它，所以说其中有信。通过这样由表象到本质的探寻，老子找到了万物的核心和本源，就是道。道的样子就是恍恍惚惚的，它生养万物，存在于万物之中。当我们发现它并掌握其规律时，我们就可以由道开始观察万事万物了。

老子在《道德经》中呈现的认知规律是：由远及近地观察，由外及内地探索，不要停留在事物的表面，要探寻到它背后的根源，找到这个根源，再用它来看待万事万物，这样一来看问题便能够更透彻，做事便能得到好的结果。

［第八十六品］为学日益与为道日损

规划的过程先是为学日益。通过规划，先强制自己刻意执行各个环节，从而获得增益。做一段时间后，规划内化于心，行为也逐渐固化，我们就进入为道日损的阶段，将规划化为本能，自然而然使其达成。

这个过程就像开车，从不会到会是为学日益的过程，不断学习，刻意记住各种规则。学会以后就进入为道日损的阶段，不用刻意思考，就会本能地开车。

资深培训师、资深专家的养成，也是此理。

先是有为，不断在实践中磨砺、总结、提炼，这是为学日益的过程。而后无论是什么主题，培训师顺手拈来皆是好课程、好规划。越到极致的修为，越不需要准备，看起来什么都不准备，而又可以做得非常好。这就是“损之又损，以至于无为，无为而无不为”。

为学是刻意接受阶段，为道是知行合一阶段，所以为学阶段注重的是认知的增益，而为道阶段注重的是知行合一。为学是增加新的认知的过程，为道则是把新的认知合成行为的落实过程，就是将新知化为习惯的过程。

为学是为了为道日损，是为了达成知行合一。自在之道，来自于学习知识，将知识修行到与身心合一，才算真正得道。

「伍」处世的哲学

和大怨，必有余怨，安可以为善？

生而不有，为而不恃，长而不宰，是谓玄德。

水善利万物而不争，处众人之所恶，故几于道。

第八十七品 有钱时想别人，势强时多助人

老子说“夫唯道善贷且成”，这里的“善贷”指善于给予。

我理解的是，自然万物对于其他事物，都是善贷且成的。以苹果树为例，它在自然环境中，结出了苹果，成熟的苹果被野生动物吃掉，既为动物提供了食物和营养，又完成了种子的传播。

老子指出，我们要建立符合长久之道的认知，要明白只有给予别人好，才能得到好的回报，这也是他所提出的，“非以其无私邪？故能成其私”。

我为人人，最终也能实现人人为我。若想得到，首先要

懂得付出是与得到同时存在的，舍弃了付出求回报，是不能实现人生的长久幸福的。而最好的选择是，服务他人的同时成就自己。也就是如果你想得到更大的成就，就一定要服务更多的人。

天地间，真正的道是普遍的。我们如果有了正确的认知，然后一步一步去践行，就算目前看起来离目标很遥远，也会如老子所说，“天下难事必作于易，天下大事必作于细”。

善于给予的人，更能成其大。

给的是什么？当然是好。成的是什么？当然是好。

他好我也好，也许就是如今提倡的共享共赢。我们如果认知到了这些，也就明白了，为什么有些人能有那么大的成就：道理很简单，他服务了更多人。

【第八十八品】不计较得失，舍财者得财

伤害自身为祸。伤害也可以通过合理的理解和行为，转化为福。这是老子说的福祸相倚。

而人们常说的吃亏是福，其实是人人都无法真正遵从的错误见解。教化人不处处斤斤计较是对的，但把吃亏当成好事，其实是违反人性的理念。

舍得，舍去什么才可得？吃亏是福，吃什么样的亏才可转化为福？

《道德经》说得一清二楚，“后其身而身先”。你如果身在一个整体之中，你就应该以整体利益为重，在这个整体里，你舍弃自身利益而分给别人，是可以得到好报的。前提

是你要真正地爱这个整体。

在社会上，你宁愿吃亏让利给别人，是因为你爱他们，而不是因为你相信吃亏是福的理念。唯有你爱别人，你才不计较，而不是你以为吃亏之后能取什么更大的利益。你爱别人，给别人好，你会觉得幸福，这才是可以长久坚持的理念。如果你让出了利益，还要等着老天爷奖励你一个馅饼，那么你最后得到的可能只有失望。

老子说，不以其大成其大，以其无私成其私，教我们做人不能只看眼前利益。在整体之中，你应该做到为更多人提供服务，这才是你获得成就的基石。

人祸多来自贪婪，但也并非凡事都要你舍弃自身利益。舍弃自身利益要以值得为原则，比如，你发现一个重病患者很无助，而你有能力帮助他，那么你舍的是钱，换来的是他的生命。对于你而言，你是因为这件事有价值，才去做的。但如果你被一个骗子骗了钱，就要去报案，而不是自我安慰吃亏是福，不了了之。

福与祸是相互转化的，如果说祸是亏，那么福的取得，不是在那里坐等，而应该尽量吸取祸的教训，通过自身的改变，使之转化为福。

不要相信世间安慰剂般的鸡汤，找到切实可行的必然之路，才能走向幸福。

[第八十九品] 对人对己要公平

“见素抱朴”出自《道德经》第十九章。

素：未经染色的丝。

见素：看待事物要排除干扰，理性看到事物的本质。

丝是非生命的物体，见素看到的是丝的纹理，观察细致入微，不受内在情绪与外在条件干扰。

朴：没有雕琢的原木，喻自然本真的状态。

抱朴：做事要抱持自然本真的状态，不失生命之爱。

见素抱朴：看问题要排除干扰看到本质，做事要自然本真不失生命之爱。

“天道无亲，常与善人。”自然规律是公正客观的，公平地对待每个人，不偏袒任何人，永远帮助有德的善人。圣人秉持天道，透过表象看到了本质，看到了什么对整体更好，所以公平地对待每个人。而圣人的慈恰恰是带着爱去对待人，做事抱朴，归于真，带爱而行。

我们经常听说的不要感情用事，其实是不全面的，做事连感情都不用，那不就成了机器了吗？不用感情和爱去对人对事，我们做的事意义又何在？

一个人为人做事的目的，就是要爱及更多的人和自己。

所以，见素抱朴，才是正确而全面的为人处世之道。

【第九十品】让爱情的香味弥散在人生路上

道广大无边而运行不息，运行不息而伸展遥远，伸展遥远而又返回本原。

老子说："大曰逝，逝曰远，远曰反。"

逝指道运行周流不息，永不停止的状态，我们可以简单把它理解为变化；远指越运行越远；反指不管运行多远，始终不脱离于道。

人有两种看似截然相反的需求，一是喜欢变幻莫测，也叫好奇；一是喜欢不变，也叫深情。

这两者，也正如《道德经》第一章所说："故常无欲，以观其妙；常有欲，以观其徼。此两者同出而异名，同谓之玄，玄之又玄，众妙之门。”

> 要常从“无”中观察领悟道的奥妙，要常从“有”中观察体会道的端倪。无与有，两者来源相同，名称相异，都可称为玄妙。玄妙又玄妙，是洞悉万物之道的门径。

爱情之门，也是众妙之门之一。

爱情为什么难以长久？我觉得就是缺少众妙。

爱情是一种直抵人心灵深处的情感，人对爱情的依懒，就像对世界和自己的依懒，人会将大量的爱投放在彼此身上，所以渴望得到的回报也注定是特别大的。

这种大，也要符合“大曰逝，逝曰远，远曰反”，满足三位一体的要求：

第一，经常变化，浪漫出奇。

第二，不停止地生出无限的美妙。

第三，所有的变化、美妙，都要成就彼此的深情不变。

我们在给对方浪漫时，要总结浪漫的道，才可能更浪漫。而且不能偷懒，要知道，不美妙的爱情是会枯萎的。我们建立爱情，就是要不断发现有趣、好玩的事，从而体会到幸福，然后去创造更有趣、更好玩的体验，让彼此更幸福。

爱情就是要充满美妙变化，永不止步地去发现和成就更好的彼此，又不脱离深情厚爱。

爱情就是要不停地探索彼此的心灵，不停地从一切之中体会美妙，然后分享给彼此。两个人最好可以一起探索美妙的规律，一起演绎美妙的生活，让爱情的香味弥漫在漫长的人生路上！

[第九十一品]

为人处世三警惕

为人处世是一种智慧，为与不为之间，要有所警惕。

1. 不要过度干涉

万物生长都有自己的规律。顺应规律而行，容易成功；背离规律强为，往往适得其反。后者好比孩子教育中的拔苗助长，企业管理中烦琐的流程规则。不顺应规律，做还不如不做。老子提过“唯施是畏”，意思是你在做事的时候要有敬畏之心，不可随意而为，要顺应规律做事，不要过度干涉，道法自然是最好的状态。

2. 不要贪婪

要警惕贪婪之心，老子讲“咎莫大于欲得”。一个人对不属于自己的东西有过多的欲望，要么求不可得，让自己痛苦，要么铤而走险，因贪获罪。对于人生长远的发展而言，贪婪不是好事。所以老子给出的解决措施，一是要俭；二是要止，“知止不殆”，懂得适可而止，才不会遇到危险。

3. 不要轻敌

人在接近成功的时候往往容易产生轻敌之心。老子说“轻敌几丧吾宝”，所以越是接近成功，越要警惕轻敌之心，他给的解决措施是“慎终如始”。我们现在提的做事不忘初心，也有同样的意义在其中。

对待一件事，哪怕它快要完成了，也要像开始时那样慎重。

以上三种警惕，是为人处世之时时刻要注意的。

[第九十二品]

爱人者，人恒爱之

狗都喜欢吃肉。一只狗看到一个人，扑上去咬了一口，结果被人打死了。狗没有吃到肉，反而失去了生命。另外一只狗看到一个人，帮他看家护院，跟他和睦相处，这个人就每天喂小狗吃肉。

在这里，我们看到了两种不同的爱，一种是为一己之私的爱，一种是善贷且成的爱。

每个人都有爱，每个人也都会通过言行举止来表达自己的爱。如果一个人被人看作无爱之人，那多半是因为这个人表达爱的方式不对，不被人接受。

每个人都希望自己更好，但你要明白，在社会生活中，你自身的好一定是通过整体的好来实现的。大家好才是真的好。

损有余而补不足，其实是爱的流动的过程。

跟别人产生关联时，你能帮得上别人的地方，一定要帮，但前提是帮助完人以后，双方可以变得更好。如果帮助一个人，结果更坏，不帮才是你的最佳选择。也就是说，在善贷且成的同时，也要懂得无为之益。

例如一个对自己不负责任，懒惰、不自立的人寻求你的帮助，而你的帮助会让他对你形成依赖，那你帮他就是害了他，不劳而获的爱让他不能更好地成长。所以古人才说“授人以鱼，不如授人以渔”。

爱一个人，要站在双方整体的角度去考虑，要站在长久的角度去考虑，这两者缺一不可。

爱自己也是同样的道理，对自己当下的把握和选择，要用长久的好和整体的好来衡量，舍弃不符合的，留下符合的。

[第九十三品]

服务他人，以彰显自己的价值

为人处世，都要追求美好。一个人想要活得美好，离不开与他人的合作。这就需要我们了解相处之道。

老子说："天之道，损有余而补不足。"相处之道，就应该遵循天之道。我们要先创造有余，比如在单位，就要提高自己的专业技能或管理水平，做到有余，才能更好地补单位的不足，补服务对象的不足，我们的工作才是有价值、有意义的。

与人交往，最重要的也是要提高自己服务他人的能力，并且要用为他人服务来彰显自己的存在价值。在有余的基础上，才能谈及给予他人更多美好，这是交往之道最重要的法门。

永远要创造有余、分享有余，善贷且成，才能最终成就自己。

［第九十四品］

可不可以挑别人的毛病

可不可以挑别人的毛病？可以挑，但前提是你挑毛病的初心是爱，是希望别人更好，可以给对方更好的路。

就像父母挑孩子的毛病，孩子挑父母的毛病，双方由于认知不同，会发生各种碰撞和对立，但只要不舍去爱彼此的心，就能给出更好的解决建议。当然，这个建议可能在当下不一定被对方接受，但只要是带着爱的，是为双方长远好的，时间总会给予证明。

如果失去了爱，只是单纯挑毛病，而不能给出更好的建议，这样的毛病就不要挑了。

人无完人，世界上也没有完美的团队、完美的社会。只要想，任何一个人都可以挑出对方无数毛病，比如爱人不做家务、孩子不听话、父母不尊重自己、单位制度不透明、社会的不公现象，只要把焦点放在问题上，我们会发现无限的问题。

关键是，你挑的毛病可不可以解决？有没有更好的路？当下做改善的时机是否成熟？改掉毛病是否可以让对方更好？这些都是要提前考量的因素，如果这些问题的答案都是否定的，那么，这样的挑毛病不做也罢。

请赐予我勇气，去改变必须改变的；请赐予我平和的心，去接纳不能改变的；请赐给我智慧，去区分这两者。

看不清问题，不要挑毛病；看清了问题却不指出更好的路，也不要挑毛病。唯有站在整体、长远的角度看问题，你才容易判断该不该挑毛病，才知道挑了毛病之后，怎么给出合理的建议。

[第九十五品]

给孩子最好的教育

最好的教育，首先是教给孩子正确的人生之道。“合抱之木，生于毫末；九层之台，起于累土；千里之行，始于足下。”从小做起，是一切发展和取得成就的根基。

关于孩子的教育，如今社会上有一些声音，比如养孩子不是种树，不能刻意修剪塑形；比如要让孩子自然发展，家长不应干涉或强迫孩子学什么。是的，每个孩子都有其特殊性，每个孩子都有他的长处，但这不能抹杀孩子在各个方面都可以为学日益的事实。

另外，家长如果找不到孩子的明显长处，也不知道该如何发现并培养孩子的长处，那至少要给他打好道德的基础，要让孩子懂得什么是对的路。根基稳了，学什么都不会错。

而正确的路是什么呢？如何学习才能学有所成呢？

正确的路就是天之道。要想学有所成，就要善于发现。

天之道，是长而不宰的善贷且成之道。

为学时，善于从一切中发现门道，就是关键。

有的家长往往过于强调学习知识，忽视了这些基本的道理。而这些，应该是要教给孩子的为人做事的智慧。

[第九十六品]

看淡得失，不争而得

老子提出过“无为”“不敢为天下先”“功成而弗居”“功成身退”等概念，所以后人理解老子，都认为老子是“不争”的。

并非如此！

老子“不争”的是个人名利，他说“水善利万物而不争，处众人之所恶”，是让我们学习水的品质。人之所好，向高处走，水恰恰相反，圣人如水，

> “水善利万物而不争，处众人之所恶，故几于道。”水善于滋润万物而不与万物相争，停留在众人都不喜欢的地方，所以最接近“道”。

不求功名，主动把自己放在低处。

放在低处是否就是什么都不做了？

非也！

他说“江海所以能为百谷王者，以其善下之”，江海之所以能够汇集百川，是因为它处于低洼的地方。一个人什么都不做，怎么会成功呢？

由此，可以推导出老子的本意是“不争而得”。

“不争”的是个人功名，对于关乎整体利益和长远发展的事情，如果发现对方做得有疏漏，你就一定要“争”。这个“争”包括坚持自己的观点，据理力争，也包括时势需要时的当仁不让。

争与不争的核心，是私心还是公心。

一心为公，当争则争；一心为私，不争也罢。

不争而得在于人心所向。人们会选择一个处处为整体利益和组织长远发展考虑的人来引领团队，因为这样会让整体更好。

功名，不是争来的；得到，皆因善待。

所以，我们所追求的方向是善待更多的人，为更多人提供更好的服务。“既以

“圣人不积，既以为人，己愈有；既以与人，己愈多。”圣人是不存占有之心的，而是尽力帮助别人，自己更充足，尽力给予别人，自己所有的也更丰富。

为人，己愈有；既以与人，己愈多”，只要你的行为符合道，顺应自然，你自然会不求而得。

群体需要的领导人，是有大爱、大智慧的人，是利而不害的人。

[第九十七品]

如何化解怨

和大怨，必有余怨，安可以为善？是以圣人执左契，而不责于人。有德司契，无德司彻。天道无亲，常与善人。

——《道德经》第七十九章

对待别人对我们的不理解和怨恨，一般有三种解决措施：

第一，积极想办法沟通化解，即使你不理解我，对我心存怨愤，我依然对你好。

第二，我是我，你爱怎么看怎么看，那是你的事。

第三，以毒攻毒，以牙还牙。

老子给出的建议是什么呢？

老子主张第一种解决措施。他说，化解很深的怨恨，必然会留下残余的怨愤。用德来对待他人的怨，才能与人为善，才是妥善的解决办法。

所以圣人都是手里拿着你的借据，但是并不强迫你偿还债务。有德的人就像这样的人一样宽容，无德的人就会拿着对方犯错的证据对对方进行处罚。

老子所说的无德，不是现代人理解的无德，他所谓的无德之人，是对道把握不好的人。有德之人是用德来报怨的，最终可以化解怨恨；无德的人是用怨来报怨的，虽然看起来很有道理，却会留下余怨。

这段话对于现代人的意义在于，与人交往，要得饶人处且饶人，能够用慈来待人，你最终会收获长久的好。比如在工作中，管理者对下属一定要按规章办事，但针对的是下属行为的不当，而不是其人本身。管理者对下属要有慈心，哪怕处罚下属，处罚也不是目的，而是要让他获得长久的发展。

圣人不会偏爱某一类人，他公平地对待所有人。看起来某些人特别被善待，不过是因为他们顺应道的规律行事而已。

以爱相待，是《道德经》中为人处世的第一原则，叫“一曰慈”。所以以德报怨，一定要有大爱才能做到，你真正能够原谅一个人，是基于你能够理解他，且能够替他着想，你才能拿出有爱的解决之道。

对立很容易，但后果是彼此都受到伤害。唯有爱，能够化解怨恨。

[第九十八品]

不要轻易树敌

用兵有言，吾不敢为主而为客，不敢进寸而退尺。是谓行无行，攘无臂，扔无敌，执无兵。祸莫大于轻敌，轻敌几丧吾宝。故抗兵相加，哀者胜矣。

——《道德经》第六十九章

“用兵有言，吾不敢为主而为客，不敢进寸而退尺。”用兵的人曾经这样说过：“我不敢主动进犯，而采取守势；不敢前进一寸，而宁可后退一尺。”

用兵者为什么不敢为主呢？因为古来用兵，引起的都是杀戮、兵荒马乱，对于百姓而言，无论胜负，都是灾难。所以能够不主动发起战争是最好的选择。在两军相战的时候，能够用和平解决问题是最好的，为了达成和，宁可选择退让一步，而不是穷追不舍。

“是谓行无行，攘无臂，扔无敌，执无兵。”因为不主动出兵，所以排兵布阵虽然有阵势，却像无阵可摆一样；士兵虽然要奋臂，却像没有举臂膀一样；虽然面临敌人，却像没有敌人可打一样；虽然手握兵器，却像没有拿兵器一样。也就是说，最好的结果是不战而胜，不用武力、武器来解决纷争。用的是什么呢？是爱和德。

“祸莫大于轻敌，轻敌几丧吾宝。故抗兵相加，哀者胜矣。”最大的祸患是轻易地树立敌人。这里为什么不把这句话理解为“最大的祸患是轻敌”呢？原因恰恰在于“轻敌几丧吾宝”。老子的三宝——“一曰慈，二曰俭，三曰不敢为天下先”，慈是排在第一位的。一个人如若是慈爱慈悲的，就不会轻易树敌，他会最大限度地包容所有人。

所以，最大的祸患莫过于轻易树敌，轻易树敌会让我们丧失慈、俭和不敢为天下先的精神。

祸莫大于轻敌，不只在用兵，在管理中、商业经营中、与人相处中，都可以成为我们的座右铭。与人相处以和为贵，与人打交道善贷且成，这样的为人处世模式，才能给我们带来长久的幸福。

[第九十九品]

尊道贵德，向道而行

道生之，德畜之，物形之，势成之。是以万物莫不尊道而贵德。道之尊，德之贵，夫莫之命而常自然。故道生之，德畜之：长之、育之、亭之、毒之、养之、覆之。生而不有，为而不恃，长而不宰，是谓玄德。

——《道德经》第五十一章

道生成一切，德养育了万物，万事万物各有形态，彼此之间的态势也就形成了，因此，万物没有一个不是尊道而贵德的。道之所以被尊崇，德之所以被珍重，在于道和德不强迫命令万物，而是顺其自然。所以道生出万物，德养育万物，使万物生长、发育、成熟，这个给养、保护的全过程都在道之中。生成万物，并不据为己有；抚育万物而不自恃有功，让万物生长而不控制它们，这就是玄妙的德了。

在这里，道是本源存在；德是善贷且成的道，是让一切发展向好的力量。

尊道贵德就是顺应道的规律，把握生而不有、长而不宰、为而不恃、善贷且成的原则。

面对世间万物的纷繁复杂，我们如果能够看到道的规律，也就能够用利而不害的方式来处理问题，成就大业了。

【第一百品】做了好事不应宣扬

老子提出“善行无辙迹”的观念，表面意思是，擅于走路的人，不会留下痕迹。

“大道甚夷，而民好径”，意思是大道非常平坦，可一般人偏偏喜欢抄近路走小径。善人不同于普通人，自然会走大道，路上不留辙迹也就可以理解。

“上德不德，是以有德；下德不失德，是以无德”，说的是真正有德的人并不处处彰显他的德行，而一个人处处标榜自己有德，这恰恰是失德的表现。用现在的俗语说，有德就是做好事不留名。而一个大张旗鼓告诉别人自己做了好事的人，至少有作秀的嫌疑，不是上德之人。

联系《道德经》的上下文，可以推导出，老子的“善行无辙迹”，不单纯指走路，更指真正有德之人，他做了对整体有好处的善行，却不留痕迹，不彰显。

这也正好吻合了老子一贯提倡的无为无不为的概念，不是不行，而是顺道而行。帮别人自然而然地得到其想要的结果，而又让人感受不到自己受了帮助，这样的行为才是最好的行为，这样的人才是上德之人。

后记

传道，授业，解惑。《道德经》作为诸子百家之首，将“道德”两个字深深铭刻进华夏文明。两千年过去了，道德根本依然没有改变。

尊道而贵德，是老子留给这个世界的精神遗产。如果说道是体，德是用，那么学道就是学习美好之道，行于美好之道就是有德。

学做人，做一个有德之人，就要从知道入手，因为德是从于美好之道的。

通过学道习德，我深感正确的道德观是做人做事的根本理念。唯有根本理念正确，才能将美好的事物长久留给自己和他人。

接下来，解读《道德经》依然是我上下求索的路。如果大家也愿意与我一路同行，就先从通读《道德经》开始吧。